LIBERTY
ENLIGHTENING THE WORLD.

CIRCLE LINE

TOURIST CONDUCTOR
Grand

Antony Shugaar · Catherine Donzel
Marc Walter · Sabine Arqué

Legendäre Reisen
in Nordamerika

Aus dem Französischen von Marianne Glaßer
und aus dem Englischen von Eva Plorin

GEOSAISON

Frederking & Thaler

Oben: die Wüste von New Mexico bei Mesa Encantada, Photochrom, um 1900.
Rechte Seite: Ein Reisender kommt in der Neuen Welt an, Illustration vom Anfang des 20. Jahrhunderts, und Gepäckaufkleber der Union Pacific Railroad.
Seiten 1–5: Liberty Enlightening the World (Freiheit erleuchtet die Welt), Lithografie, 1890er-Jahre (S. 1); die triumphale Ankunft der *France* in New York, 1962 (S. 2/3); ein Zugführer unterhält seine jungen Passagiere, um 1909 (S. 4); Zug der Northern Pacific Railway, um 1900 (S. 5).

Inhalt

ATHABASCA
KEEWATIN
SASKATCHEWAN
ALBERTA
BRITISH COLUMBIA
ASSINIBOIA
MANITOBA
WINNIPEG
CALGARY
REGINA
LAKE OF THE WOODS
MONTANA
HELENA
N. DAKOTA
BISMARCK
FARGO
MINNESOTA
DULUTH
ST. PAUL
MINNEAPOLIS
WISCONSIN
WASHINGTON
SEATTLE
OLYMPIA
SPOKANE
IDAHO
OREGON
BOISE CITY
WYOMING
YELLOWSTONE NATIONAL PARK
DEADWOOD
S. DAKOTA
YANKTON
IOWA
DUBUQUE
DES MOINES
NEBRASKA
OMAHA
COUNCIL BLUFFS
CHEYENNE
LINCOLN
SALT LAKE CITY
DENVER
COLORADO
COLORADO SPRINGS
UTAH
NEVADA
RENO
CARSON CITY
KANSAS
TOPEKA
WICHITA
MISSOURI
ST. LOUIS
SPRINGFIELD
PEORIA
SACRAMENTO
SAN FRANCISCO
CALIFORNIA
PACIFIC OCEAN
OKLAHOMA
GUTHRIE
OKLAHOMA CITY
ARKANSAS
LITTLE ROCK
SANTA FE
ALBUQUERQUE
NEW MEXICO
ARIZONA
PHOENIX
LOS ANGELES
SAN DIEGO
DALLAS
FT. WORTH
EL PASO
TEXAS
AUSTIN
HOUSTON
SAN ANTONIO
GALVESTON
GULF OF
MEXICO
CHIHUAHUA
LOUISIANA
BATON ROUGE
MISSISSIPPI
EXIT ONLY

Die Landschaften des *American Dream*

Von Hamburg und Bremerhaven, von Cherbourg und Le Havre, von Southampton und Liverpool aus stechen die Überseedampfer in See. Hat das Schiff die letzten Leuchttürme, den letzten Felsen, die letzten Inseln Europas passiert, steht eines fest: Das erste Land, das jetzt, immer geradeaus gefahren, in Sicht kommt, ist Amerika.

Als um 1840 die Ära des Dampfschiffs beginnt, werden in den Ländern Europas die großen Schifffahrtsgesellschaften gegründet, und bald verkehren auf den wichtigen Überseerouten regelmäßig Passagierdampfer. Bis das Fliegen aufkommt, ist die Atlantiküberfahrt die erste Etappe der Reise nach Amerika. Sie dauert lange, es geht langsam voran, sind doch riesige Entfernungen zu überwinden. Wer zur Entdeckung der USA oder Kanadas aufbricht, für den sind die verschiedenen Verkehrsmittel nicht nur ein Mittel, um von einem Punkt zum anderen zu gelangen. Sie sind die eigentliche Reise, manchmal sogar der Grund für die Reise. Das gilt für alle Fortbewegungsarten, die Amerika ausmachen: zu Wasser auf den Ozeanriesen und Mississippidampfern, zu Land in den transkontinentalen Eisenbahnen – »from Ocean to Ocean« – oder über die Route 66, die geteerte Version des alten *trail* der Pioniere auf dem Treck nach Westen.

Im Januar 1842 geht Charles Dickens – wie Charles Sealsfield und Nikolaus Lenau ein früher Amerikareisender – an Bord eines der Dampfschiffe, die ohne Zwischenstopp den Atlantik überqueren. Er fährt auf der *Britannia*, einem Schiff der Cunard Line, das zwei Jahre vorher vom Stapel gelaufen ist. Die Überfahrt ist fürchterlich – kaum ist er zurück in London, berichtet er in seinen *Aufzeichnungen aus Amerika* davon. Der Ozean ist entfesselt (wie häufig im Winter). Die *Britannia* kämpft gegen den Sturm an, die Passagiere kämpfen gegen die Seekrankheit. Dickens ist so seekrank, dass er die fast die ganze Überfahrt in seiner Koje

verbringt, und so apathisch, dass es ihn nicht einmal gewundert hätte, wenn Neptun »zur Tür hereingetreten wäre, mit einem gerösteten Haifisch auf seinem Dreizack«! Kein Wunder, sind doch die Überseedampfer bis in die 1870er-Jahre hinein nichts anderes als schwere, schauerlich rollende und stampfende Segel- oder Dampfschiffe, gespickt mit Masten, Schornsteinen oder riesigen Schaufelrädern. Da aber die Schifffahrtsgesellschaften – englische, französische, deutsche wie amerikanische – in unerbittlichem Wettstreit miteinander liegen, wird es üblich, das Möglichste zu tun, um das Los der Passagiere zu erleichtern. Tatsächlich bieten neuere Liner viele Annehmlichkeiten, sogar Luxus, zumindest für all die, die ihn sich als Kunden der ersten oder zweiten Klasse leisten können. Auf den Überseeschiffen ist nicht jeder gleich untergebracht. Das Erste-Klasse-Paradies erstreckt sich über dem bescheidenen Zwischendeck, dessen Passagiere – Auswanderer aus Irland, Italien oder Mitteleuropa – den Schifffahrtsgesellschaften jedoch ein Vermögen einbringen. Denn die Auswanderer sind arm, aber zahlreich: Von 1820 bis 1920 verlassen 72 Millionen Europäer ihr Land; die Hälfte davon sucht ihr Glück in den USA. Ein echter Goldregen für die Schifffahrtsgesellschaften! Von der amerikanische Regierung werden sie regelmäßig ermahnt, den Transport der Auswanderer unter ehrenhaften Bedingungen abzuwickeln.

Ob nun in einer Erster-Klasse-Kabine oder auf dem Zwischendeck – alle sitzen im gleichen Boot und empfinden die Überfahrt nach Amerika häufig als zermürbend. Lange vor dem Untergang der *Titanic* sind die Passagiere dem unwägbaren Zorn des Atlantiks ausgeliefert, den gefährlichen Eismassen, die aus der Baffin Bay treiben, oder den unheilvollen Nebeln, die sich vor Neufundland zusammenballen. Es sind viel mehr Schiffe untergegangen, als die Geschichte in Erinnerung behalten hat. Heil anzukommen ist sowohl ein Glück als auch eine Erleichterung: die eindrucksvolle Einfahrt in den St.-Lorenz-Strom (im Sommer), in den Häfen von Halifax oder Portland (im Winter) oder von Boston. Märchenhaft ist das Einlaufen in den Hafen von New York. Staten Island backbord, Brooklyn steuerbord. Und dann Ellis Island. Seit den 1890er-Jahren gehen hier die Einwanderer von Bord. Von hier aus werfen, zwischen Transit- und Gesundheitskontrollen, all die Vito Corleones und anderen Enterbten aus dem alten Europa erste Blicke auf die Freiheitsstatue und tauchen geradewegs in den

Links: die *Aquitania* im Hafen von New York, Werbeplakat von Kenneth D. Shoeshine, um 1920.
Linke Seite: die *Lusitania*, ein weiterer berühmter Ozeanriese der Cunard Line, im Hafen von New York im Jahr ihrer Jungfernfahrt 1907.
Vignette: Gepäckaufkleber der Cunard Line.

Rechts: Auswandererfamilie bei der Ankunft in New York, aus: Jules Huret, *L'Amérique moderne*, 1911.
Unten: der Speisesaal der *Kaiser Wilhelm der Große*, eines Passagierdampfers des Norddeutschen Lloyd im Jahr der Indienststellung 1897.
Seiten 8/9: »Die Transportmittel im 20. Jahrhundert«, Lithografie, um 1910.

Unten: Ein Passagier kämpft bei einer Zollkontrolle mit seinem Koffer, Hafen von New York, 1909.
Vignette: Gepäckaufkleber der French Line.

»American Dream« ein. Der Mythos vom Tellerwäscher, der in kürzester Zeit an der Spitze eines Hotelimperiums steht, nährt noch lange die Hoffnungen der Ankömmlinge. Trotzdem ist der amerikanische Traum das, was er ist ... ein Traum. Für die schwarze Bevölkerung ein Zukunftstraum. Von der indianischen Bevölkerung ganz zu schweigen.

Mit der Realität konfrontiert werden auch alle Träume der neuen Reisenden – der Touristen –, die den Atlantik nur so »zum Spaß« überqueren. Eine Amerikareise ist etwas ganz anderes als eine Reise nach Italien oder Ägypten, wo man nur den Spuren vorangegangener Reisender folgen muss. Bei einer Amerikareise verlässt man sich besser auf sich selbst. In Amerika verändert, entwickelt sich alles mit wahnsinniger Geschwindigkeit, und was die einen bei ihrem Aufenthalt gesehen haben, ist im nächsten Jahr nicht mehr aktuell. Eine Stadt wie Vancouver beispielsweise schießt 1887 plötzlich mitten im Wald aus dem Boden, verschwindet kurz darauf im Feuer und ersteht 1889 in kürzester Frist wieder neu, inklusive elektrischer Straßenbahnen, Parks und Alleen. New York, laut Jules Verne auf seiner Amerikareise 1867 eine Stadt »zwischen Hudson und dem Fluss im Osten wie Lyon zwischen Rhone und Saône« (der Vergleich hat heute etwas Überraschendes!), ist eine schnell veraltende Momentaufnahme. 1891 spricht Edmond Cotteau, Korrespondent der Zeitschrift *Le Tour du Monde*, schon von einer Monsterstadt mit den Hotels und Kasinos von Long Beach und Coney Island und »dem riesenhaften Bogen der (1883 eingeweihten) Brooklyn Bridge, die mit elektrischem Strom beleuchtet ist«. Überdies sind die wenigen Erkennungszeichen, die sich der europäische Reisende zwecks Orientierung eingeprägt hat, nicht von großem Nutzen, wenn es

Links: »Die große Hängebrücke über den East River, die die Städte New York und Brooklyn verbindet«, Lithografie von Currier & Ives, 1874.

Oben: Eisenbahnkarte der USA, 1871. Am Rand sind die Zahlen der Volkszählung von 1870 angegeben.

darum geht, alle Gesichter Amerikas zu einem Bild zu vereinen. Welche Gemeinsamkeit gibt es schon zwischen den weißen Kolonnaden und Azaleenwäldern Charlestons, dem beißenden Rauch und den hohen Schornsteinen Chicagos, den Palmen- oder Eukalyptusalleen Santa Monicas und San Diegos, den Giebelhäusern und brunnengeschmückten Plätzen Bostons? Die Verbindung bildet der Zug.

In Amerika ist der Reisende dauernd unterwegs, und diese unendlich vielen Meilen legt die Lokomotive zurück – bevor sie in den 1920er-Jahren vom Automobil abgelöst wird.

1869 wird in den USA der letzte Schwellennagel der ersten transkontinentalen Linie eingeschlagen: Nun kauft man eine Fahrkarte, und schon sitzt man im Zug von New York nach San Francisco. 1886 wird die Linie des Canadian Pacific eröffnet, die – über verschiedene Umsteigestationen – Quebec mit Vancouver verbindet. Die europäischen Touristen lieben die amerikanischen Züge, weil sie so bequem sind und den Reisenden so komfortabel vom Atlantik an den Pazifik bringen. Selbst die anspruchsvollen französischen Touristen sind sich einig im Lob dieses Transportmittels, das so viel angenehmer ist als die Eisenbahn in ihrer Heimat. Es besteht nämlich, wie der Chansonnier Dominique Bonnaud 1897 anlässlich einer Reise berichtet, ein himmelweiter Unterschied zu den »Kaninchenkäfigen unserer französischen Linien«. Der amerikanische Waggon hat keine Abteile, nur Sitzbänke zu beiden Seiten eines Mittelgangs. Der Reisende kann sich über die ganze Länge des Zuges frei bewegen, sind doch alle Wagen miteinander verbunden. Wer die Mittel dazu hat, kann den Komfort der Speisewagen, Panoramawagen (zum Bewundern der grandiosen Landschaften) und Salonwagen genießen. Letztere verwandeln sich nach Anbruch der Dunkelheit im Handumdrehen in *sleeping-cars*, Samtvorhänge und »Bedürfnisanstalten aus Porphyr« inbegriffen. Das Problem ist nur: Auf Dauer wird es langweilig. In Europa taucht alle paar Kilometer eine neue Landschaft auf. Hier dagegen dauert es Stunden um Stunden, bis hinter dem Abteilfenster endlich etwas anderes sichtbar wird. Das ist der Preis der Weite. Meilen um Meilen ziehen offene Weizenfelder vorbei, Prärien, so weit das Auge blickt, Ebenen mit ein, zwei Farmen hier und da und keinem einzigen Baum. Mit Diskussionen im Raucherwaggon lässt sich die Zeit totschlagen – vor allem, weil sie recht lebhaft sind, laufen sie doch gelegentlich ziemlich feucht ab ... Edmond Cotteau berichtet, wie im Canadian Pacific (wo der Ausschank von Alkohol absolut verboten ist) die Gentlemen abwechselnd zur Toilette gehen und sich dort an »Whisky mit Apollinaris« gütlich tun. Der amerikanische Puritanismus und die Art und Weise, wie man ihm abhilft, erstaunen und erheitern die ausländischen Reisenden immer wieder.
Indessen, wenn die Eintönigkeit, die Langsamkeit der Preis sind, den der Tourist bezahlen muss, um den Niagara, den Grand Canyon und so viele andere Wunder zu erblicken, gibt es daran sicher nichts zu bedauern. Überall stößt man auf grandiose Landschaften, wild und im wahrsten Sinn des

Links: Werbung für eine neue, aus England importierte Lokomotive, 1891.
Unten: ein Zug im Animas Canyon, Needle Mountains, Colorado, um 1900.

Rechts: ein Speisewagen im Jahr 1905.
Oben: der Komfort eines Reisewaggons, um 1905.
Mitte: Gepäckaufkleber mit dem Konterfei von Buffalo Bill Cody, 1930.
Unten: Aufkleber des *Super Chief*, 1938. Dieser Luxuszug verkehrte zwischen Chicago und Los Angeles.
Linke Seite: Schlafwagenpassagierin, 1905.

Links: Werbung für die Canadian Pacific Railway. In den neuen Waggons mit Panoramakuppel können die Reisenden die Landschaft uneingeschränkt genießen, 1950er-Jahre.
Unten: Reiter auf dem Hance Trail im Grand Canyon, Photochrom, um 1900.
Als Faksimile: Werbeprospekt für den Tourismus in den USA, 1931.

Links: Hinten auf dem Zug, aus: Jules Huret, *L'Amérique moderne*, 1911.
Rechte Seite: Innenraum eines Junker-Flugzeugs, 1930er-Jahre.

Wortes von unsagbarer Schönheit. Findet man sonst irgendwo auf der Welt eine Ha-Ha!-Bucht oder ein Yoho-Tal – Stätten ohne echte Namen, benannt nur nach dem bewundernden Schrei des ersten Indianers oder des ersten Wanderers, der die hinreißenden Panoramen entdeckte, die smaragdgrünen Seen, die glasklaren Wasserfälle? Niemand hat es für nötig gehalten, diesen klanglichen Freudenbekundungen etwas hinzuzufügen: Der Nordamerikaner liebt die Natur einfach so. Übrigens ist es kein Zufall, dass der größte Nationalpark der Welt in den USA liegt: Am 1. März 1872 unterzeichnet Präsident Ulysses Grant das Dekret zur Schaffung des Yellowstone Nationalpark. Er soll ein Ort sein »ohne wirtschaftliche Nutzung«, bestimmt zur »Erbauung der Bevölkerung«. Im selben Jahr kommen 300 Besucher. 1883 sind es bereits über 5000.

Das »Gold- und Silberparadies« Alaska – das 1867 von den USA erworben wird – mit den Totems, Walen und kristallklaren Küsten findet bei amerikanischen Touristen großen Anklang. In den 1890er-Jahren drängen sich auf den Dampfschiffen, die in der warmen Jahreszeit hinauf zur Küste Alaskas fahren, die Passagiere. Zu Tausenden kommen sie aus Boston, Philadelphia, New York und Montreal und fügen sich dem Zepter der Tour Operators, die diese »Ferienausflüge« organisieren. In rund einer Woche fahren die Dampfer nordwärts bis nach Sitka. Unterwegs lassen sie an den Anlegestellen – Indianerdörfern, Fjorden und Gletschern – Scharen von Ausflüglern ausschwärmen, die mit dem Fotoapparat in der Hand in einem Blitzlichtgewitter an Land gehen. Aber die Strecke wird nicht nur von Touristen genutzt. Unter den Dritte-Klasse-Passagieren sind auch wild entschlossene, hoffnungstrunkene Goldsucher. Der berühmte Goldrausch lockt 1897/98 Zehntausende an den Klondike River in den eisigen Weiten Alaskas. Am 2. August 1897 legt die *City of Topeka* in Juneau an. Die *rushers* verlassen das Schiff weiter nordwestlich, am 7. August, in der Nähe des Indianerdorfs Dyea. Unter ihnen ist ein junger Mann von 21 Jahren. Mit einer Tonne voller Ausrüstungsgegenständen und einem Exemplar des *Kapitals* geht er an Land. Es ist Jack London, der dem Lockruf des Goldes folgt. Auch er begibt sich auf eine Reise nach Amerika. Reisen auf diesem Kontinent sind vielleicht vor allem eins: das alltägliche Zusammentreffen des Gewöhnlichen mit dem Außerordentlichen. Das vertraute Nebeneinander von Legende und Blitzlichtgewitter.

TOURS THROUGH
NORTH
AMERICA
AMERICAN
EXPRESS

★ Sights you will

The New York Central Railroad Terminal at Buffalo, a typical example of the imposing modern architecture of the New World.

(*Left*) These quaint little 'cliff dwellings' perched on the Coast overlooking the Pacific, are a feature of San Diego, California.

(*Abov*
Falls,
many
wate
found
Nati
Califo
Califo

Ostküste

Von Maine nach Florida

Huronsee
Kanada
Ontariosee
Eriesee
Vermont
Maine
Lake George
New Hampshire
York
Adirondack Mountains
Saratoga Springs
Niagara Falls
Buffalo
Albany
Boston
Massachusetts
New York
Catskill Mountains
Rhode Island
Connecticut
Pennsylvania
New York
New Jersey
Philadelphia
Ohio
Atlantic City
Maryland
Baltimore
Delaware
Washington, D.C.
Hot Springs
Richmond
Virginia
North Carolina
South Carolina
Atlanta
Charleston
Atlantischer Ozean
Georgia
Savannah
Florida
Saint Augustine
Ocala
Orlando
Saint Petersburg
Tampa
Golf von Mexiko
West Palm Beach
Hollywood
Miami

Im ausgehenden 19. Jahrhundert sind Reisen entlang der Ostküste der Vereinigten Staaten – von Massachusetts und New York im Norden nach Florida im Süden – eine Mischung aus Routine und Abenteuer. Die Ostküste hat seit drei Jahrhunderten einen gewissen Grad der Domestikation erreicht und ist dennoch gerade von einem der blutigsten Kriege, den die Welt je erlebt hat, verwüstet worden. Das Reisen, meist mit der Eisenbahn oder dem Dampfschiff, ist daher gleichermaßen ein Akt des Erkundens und eine Erneuerung des Besitzanspruchs.

Das Konzept des Reisens, um einen Besitzanspruch zu demonstrieren, hat illustre Vorläufer. Das Römische Reich besaß relativ wenige befestigte Grenzen; eigentlicher Ausdruck seiner Macht war vielmehr das Straßensystem, auf dem sich das römische Heer rasch fortbewegen konnte, um Invasionen oder Aufstände niederzuschlagen. Auch die Chinesische Mauer war in erster Linie nicht als Schutzwall gegen Eindringlinge aus dem Norden gedacht. Vielmehr diente sie der Beförderung von Truppen.

In Amerika ist das Reisen selbst heute nicht von dem Gedanken des Landesschutzes zu trennen. Amerikanische Familien unternehmen lange, komfortable Fahrten auf dem rund 80 000 Kilometer umfassenden Dwight-D.-Eisenhower Interstate-Highway-System, ohne sich bewusst zu sein, dass es ursprünglich für die militärische Nutzung konzipiert wurde. Wobei es allerdings eine falsche, wenn auch weitverbreitete Ansicht ist, dass die Interstate Highways zwingend alle acht bis 16 Kilometer eine gerade Streckenführung von knapp zwei Kilometern Länge aufweisen müssen, um als Landebahnen für Militärflugzeuge zu dienen.

Oben: Blick auf den Hudson bei West Point, Staat New York, Stich von William James Bennett (1834) nach einem Gemälde von George Cook.

Ganz oben: Veranda des Aspinwall Hotel in Lenox, Massachusetts, um 1920. *Oben:* das Casino an der Mole von Narragansett auf Rhode Island, 1890er-Jahre. *Als Vignette:* Gepäckaufkleber der Maine Central Railroad, 1940er Jahre. *Seiten 19/20:* der Strand von York an der Küste von Maine, Photochrom von 1901.

Das Eisenbahnnetz im Amerika des 19. Jahrhunderts war dem römischen Straßennetz im Hinblick auf seine militärische Bedeutung durchaus vergleichbar. Mit dem Bau der transkontinentalen Bahnstrecken, die Nordamerika vom Atlantik zum Pazifik durchqueren, wurde denn auch während des Bürgerkriegs begonnen, unter anderem mit dem Ziel, die Staaten der Union miteinander zu verbinden. Die verschiedenen Routen entlang der Ostküste, die hier vorgestellt werden, verknüpfen die unterschiedlichen Welten der ersten englischen und spanischen Siedlungen in Amerika.

Das gute alte Boston, »wo die Lowells nur mit den Cabots sprachen und die Cabots nur mit Gott«, war über Jahrhunderte die Königin der Ostküstenstädte. In Boston nahm die amerikanische Revolution ihren Ausgang, und obwohl die Stadt sieben Jahre später als New York gegründet wurde, beanspruchte sie für sich stets eine intellektuelle und kulturelle Überlegenheit gegenüber der benachbarten habgierigen, lärmenden Handelsstadt. Als aber im frühen 19. Jahrhundert die Siedler entlang der Südufer der Großen Seen gen Westen, nach Ohio, Indiana und Illinois, vordrangen, sah New York seine Stunde gekommen. Der Eriekanal bildete eine Binnenwasserstraße, die New Yorks großartigen Seehafen über den Hudson River mit den Gewässern im Landesinneren verband. New York blühte auf, während die Nachbarstädte – Boston im Norden, Philadelphia und Baltimore im Süden – darum rangen, Schritt zu halten.

Bahnreisen von Boston nach New York waren ein unkompliziertes Unterfangen. Passagiere, die von New York aus

Links: der Musiktempel bei der großen panamerikanischen Ausstellung in Buffalo, 1901
Unten: die Canada Southern Railway an den Niagarafällen, Stich vom Ende des 19. Jahrhunderts.

NEW YORK CENTRAL SYSTEM

Von oben nach unten: Reisende bei der Abfahrt nach Florida, Februar 1908; Gepäckaufkleber der New York Central Railroad, 1950er-Jahre; Touristen auf einem Elefanten auf Coney Island, um 1905.

weiter Richtung Süden wollten, mussten jedoch mit der Fähre den New Yorker Hafen überqueren, einen von mehreren Orten, an denen »Schienen und Wasser aufeinandertrafen«, wie ein Schriftsteller es ausdrückte. An manchen Anlegebrücken mussten die Passagiere den Zug verlassen und zu Fuß an Bord der Fähre gehen; an anderen wurden die Waggons direkt auf Eisenbahnfähren gerollt, dort festgezurrt und am anderen Ufer wieder an eine Lokomotive angekoppelt. Der Wechsel von rollenden zu schlingernden, stampfenden und gierenden Waggons muss ein recht eigentümliches Erlebnis gewesen sein. Das Tal des Hudson River bot eine Reihe herrlicher Ausblicke, die von den Landschaftsmalern der Hudson River School wie Thomas Cole und Frederic Church im Bild festgehalten wurden. Charles Mann beschreibt in seinem Buch *1491* amerikanische Ureinwohner, die nachts im Schein der Feuer, die sie legten, um die Uferstreifen für die Frühlingsaussaat zu roden, in Kanus aus Birkenrinde über den Fluss fuhren.

Dass die Niagarafälle in der spätviktorianischen Ära zum Inbegriff des Honeymoon wurden, hat vermutlich etwas mit einer unverhohlenen sexuellen Anspielung zu tun. Außer Frage steht aber auch, dass Besucher der atemberaubenden Fälle wahrhaftig das Gefühl hatten, an den Quellen der Ostküste zu stehen angesichts der Wassermassen, die gen Süden hinabdonnerten – und die Stromgeneratoren betrieben. Die Panamerikanische Ausstellung in Buffalo im Jahre 1901, nur einen Steinwurf entfernt, war ein elektrisches Lichtermärchen, eines der ersten Beispiele für Stadtbeleuchtungen in großem Stil: Der nötige Strom wurde von den tosenden Wasserfällen erzeugt. An den Niagarafällen blickte der Reisende von einem privilegierten Aussichtspunkt stromabwärts nach Süden, wo alles wärmer und – in South Carolina, Georgia und Florida – »palmiger« war. Von den eisigen Wassern, die sich in den Ontariosee ergießen, ging es mit der Bahn zurück nach New York, über den Hudson River zu dessen West- und Südufern und weiter durch Philadelphia. Diese Stadt war auch Ziel des Feldzugs der konföderierten Truppen im Sommer 1863 – ein Vormarsch nach Norden, der in der katastrophalen Schlacht von Gettysburg enden sollte. Dahinter stand der Plan, mittels des Schocks, den eine konföderierte Okkupation Philadelphias auslösen würde, Friedensverhandlungen zu erzwingen.

Von der Haupttrasse aus führt ein kleiner Abstecher nach Atlantic City, der Stadt, welcher Burt Lancaster in dem

gleichnamigen Film von Louis Malle ein – wenn auch zwielichtiges – Denkmal setzte: »Es ist eine Schande, dass du Atlantic City nie zu Zeiten des *floy floy* gesehen hast. Erinnerst du dich an den Song *Flat Foot Floogie with the floy floy?*« Zunehmend wehmütig fährt Burt Lancaster alias Lou fort: »Der Atlantik, das war damals noch was. Ja, du hättest den Atlantik in jenen Tagen sehen sollen.«

Die südlich von Philadelphia liegenden Städte – Baltimore, Washington, D. C., Richmond – bilden das Herz der sogenannten Mid-Atlantic-Küste. Die Hauptstadt der Union, Washington, und die der Konföderation, Richmond, liegen nur eine halbtägige Bahnreise voneinander entfernt an der großen Chesapeake Bay.

Der nächste Halt an der Küste ist Charleston, die ehrwürdige und etwas provinzielle Hauptstadt der Seehandels- und Reisbarone South Carolinas. Charleston – kulturell ein Kosmopolit, doch mit sozialen Scheuklappen – ist schön, sinnlich und prunkvoll, auch wenn man aus Nachbarstädten landeinwärts gelegentlich missgünstige Spötteleien wie die folgende vernimmt: »Die Leute in Charleston müssen Chinesen sein, denn sie hängen dem Ahnenkult an, essen nur Reis und welche Sprache auch immer sie sprechen – Englisch ist es nicht.«

Dieser Streckenabschnitt war Industriemagnaten des alten Schlags recht vertraut. J. P. Morgan charterte regelmäßig Privatzüge, um Dutzende seiner engen Freunde und Geschäftspartner in den legendären Jekyll Island Club vor Georgias Goldküste einzuladen. Andere Luxuszüge fuhren hinauf in die Berge North Carolinas zu Anwesen wie dem prachtvollen Biltmore Estate der Familie Vanderbilt oberhalb von Asheville in den Great Smoky Mountains.

Aus dem Herzen des Old South donnert der Zug weiter nach Florida. In der amerikanischen Popkultur wurden die Schlafwagenreisen nach Florida lange Zeit romantisiert, so in Büchern wie John Dos Passos' *Die Hochfinanz* oder Filmen wie Preston Sturges' *Atemlos nach Florida* oder Billy Wilders *Manche mögen's heiß*.

Hier das aussagekräftigste Bild der frühen Blütezeit Südfloridas, als Wohlstand und Überfluss herrschten – und dreiste Naivität: Im Auftrag eines abwesenden Millionärs soll in Palm Beach eine herrschaftliche Villa errichtet werden. Der Architekt schickt Pläne mit detaillierten Maßangaben, und das Gebäude wird errichtet. Als der Architekt mit dem Millionär aus Paris zur Besichtigung kommt, stellt sich heraus, dass die Handwerker die Zentimeterangaben des Architekten als Inches gelesen haben, so dass der Prachtbau exakt 2,54-mal so groß wie vorgesehen geraten ist. Florida versuchte vielleicht auf seine Weise, der Erhabenheit der Niagarafälle, gut 1 600 Kilometer weiter nördlich, nachzueifern.

Ganz oben: Alligatorfarm (wahrscheinlich in St. Augustine, Florida), 1910.
Oben: Hotels am Boardwalk von Atlantic City (um 1910), unter anderem das Marlborough Blenheim. An seine Stelle ist heute Bally's Casino getreten.
Links: Werbeprospekt des Jefferson Hotel in Richmond (Virginia), 1895.

Oben: das Hotel Crawford House in Crawford Notch, White Mountains, New Hampshire. Die *New York Times* berichtete 1909, dass zu den dortigen geselligen Vergnügungen Bridge-Turniere, Tanzabende, Varieté-Aufführungen der »Kinder des Hotels« sowie Ausflüge auf dem Eselsrücken auf die nahen Berggipfel gehörten. Das Bild ist, wie alle Bilder auf dieser und der folgenden Doppelseite, ein Photochrom aus der Zeit um die Jahrhundertwende. Photochrom war das erste Verfahren, mittels eines einzigen Schwarz-Weiß-Negativs Farbabdrucke herzustellen. Das Original wurde auf bis zu 14 Lithosteine übertragen, und zwar auf jeweils einen Lithostein pro Farbe. Diese wurden dann mit Druckfarben bestrichen.
Rechts: Seit dem 3. Juli 1869 erklimmt eine Zahnradbahn den gut 1900 Meter hohen Mount Washington. Es war die weltweit erste auf einen Berg führende Zahnradbahn.
Oben rechts: Frauen beim Golfspiel in Waumbeck Hotel und Cottages in Jefferson, New Hampshire.
Seiten 26/27: Blick auf die knapp 250 Meter lange und 30 Meter tiefe Granitschlucht Flume Gorge von Franconia Notch, einem Gebirgspass der White Mountains.

Man sollte nicht glauben, dass sich Madame Lassalle und Hector nur in ihrer Einsiedelei in Brooklyn aufgehalten hätten. Reich und unabhängig, wie sie waren, widmeten sie ihre freie Zeit dem Erkunden dieses wunderbaren Landes. Sie unternahmen lange Ausflüge, bald an die wilden, malerischen Küsten von Rhode Island, New Hampshire oder Maine, bald in die Ebenen von Pennsylvania, Maryland usw. (...) Die White Mountains, eine Hügelkette mit sanft abgerundeten, grün bewachsenen Rücken, senkrecht abfallenden Wänden, Kegeln, Prismen, kahlen, sonnenverbrannten Spitzen hier, weitläufigen Wäldern aus Eichen, Lärchen und Koniferen mit würzigen Düften dort, gehören zu den Stellen, die von den Ausländern wie von den Yankees selbst am häufigsten besucht werden. Am Fuß dieser Berge fließen Bäche, Flüsse mit reinen, durchsichtigen Wogen, deren launenhafte Windungen Leben und Fruchtbarkeit überallhin bringen. Winzige Seen schlafen in ihren Einfassungen aus gestrengem Gestein, wo Adler und Dohlen nisten. Andernorts ziehen Schwäne und Wildenten in vielköpfigen Schwärmen dahin und versprechen dem Jäger sichere Beute. Zahlreiche Hotels, die sich auf allen Hochebenen an den malerischsten Stellen finden, beruhigen die praktisch denkenden Touristen, was die Erfordernisse materiellen Lebens angeht.

Eugène Parès, 1882

COMMERCIAL
BULLETIN

Ich kam, um ein paar Tage in Boston zu verbringen. Was mich hierher zog oder wenigstens meine Neugier erregte, war das, was man mir von der Hauptstadt Neuenglands erzählt hatte: Es sei eine englische, puritanische, intellektuelle und langweilige Stadt. Ich stellte mir also vor, in einer toten, abgeschotteten, strengen, frommen und verschlossenen Stadt zu landen, und war ziemlich überrascht, als es bei meiner Ankunft laut zuging und ich unzählige Straßenbahnen, Häuser mit zehn oder 14 Stockwerken, wundervoll angelegte, luxuriöse und belebte Hotels, genau wie in New York oder jedenfalls fast vorfand. (...) Wenn in diesen langen, geraden Straßen der Wind bläst, findet man nirgends barmherzigen Schutz; es ist eine tödliche, schneidende, scharfe Kälte, die durch die wärmsten Kleider dringt und einem das Blut in den Adern gefrieren lässt. Kein Wunder, dass die Leute am Abend hasten, laufen, dicht an den Mauern entlang, zusammengekrümmt, in ihre Überzieher vergraben. Der Heimweg von den Theatervorstellungen ist trostlos. Kein Café, in dem man Zuflucht suchen und sich aufwärmen kann, bevor man nach Hause zurückkehrt, denn es ist verboten, nach elf Uhr abends irgendein anderes Getränk als Wasser auszuschenken. Ein oder zwei Hotels halten indessen nach dem Theater ihre Türen offen. Aber wer hineingeht, muss essen, und es ist erst halb elf Uhr! Man geht in Amerika früh zu Bett, späte Essensgäste sind selten.

Jules Huret, 1904

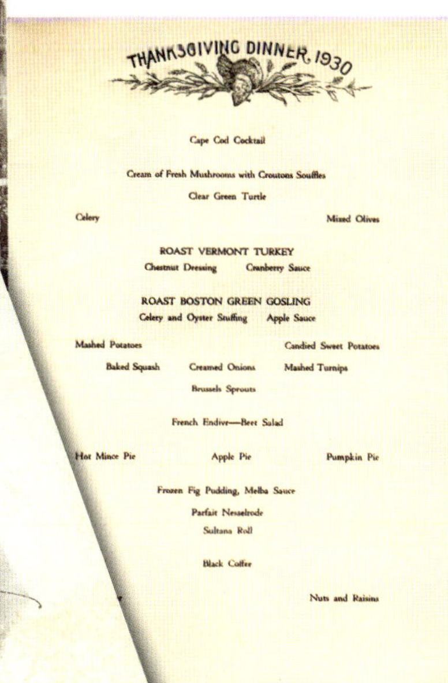
THANKSGIVING DINNER, 1930

Cape Cod Cocktail

Cream of Fresh Mushrooms with Croutons Souffles

Clear Green Turtle

Celery Mixed Olives

ROAST VERMONT TURKEY

Chestnut Dressing Cranberry Sauce

ROAST BOSTON GREEN GOSLING

Celery and Oyster Stuffing Apple Sauce

Mashed Potatoes Candied Sweet Potatoes

Baked Squash Creamed Onions Mashed Turnips

Brussels Sprouts

French Endive—Beet Salad

Hot Mince Pie Apple Pie Pumpkin Pie

Frozen Fig Pudding, Melba Sauce

Parfait Nesselrode

Sultana Roll

Black Coffee

Nuts and Raisins

Oben: Der 1837 gegründete Public Garden von Boston war der erste botanische Garten der Vereinigten Staaten.

Ganz links: das Parker House im Jahr 1925. 1855 erbaut, ist es das älteste amerikanische Hotel und wird bis heute durchgehend betrieben. 1857 gründeten Emerson und Longfellow beim Dinner in diesem Hotel das angesehene Magazin *The Atlantic Monthly*, und Charles Dickens las hier erstmals öffentlich seine *Weihnachtsgeschichte*.

Links: Speisekarte von 1930 für das Thanksgiving-Dinner im Hotel Ritz-Carlton am Boston Common.

Linke Seite: das Old South Meeting House in Boston. 1729 als Kirche erbaut, fand dort am 16. Dezember 1773 die Versammlung statt, die zur Boston Tea Party führte. Die Gemeinde baute 1873, nach dem Großbrand Bostons, eine neue Kirche. Als historische Stätte des amerikanischen Unabhängigkeitskampfs ist das Old South Meeting House heute Museum.

KING'S VIEWS OF NEW YORK
KING'S VIEWS OF NEW YORK
KING'S VIEWS OF NEW YORK

268

NEW YORK
Manhattan bridge

EN EAST RIVER, und sie erzitterte,
ır spannte sich das unbelebte, glatte
er den Häusern gab es kaum einen
ıßen ging wahrscheinlich das Leben
war nicht bewegte, aber ohne Mühe
hrt, und nur hie und da glaubte man,
ıiff zu sehen, das eine kurze Strecke
ınd war nicht mehr zu finden.

Franz Kafka, 1911/14

Rechts: der South-Street-Seehafen mit der Brooklyn Bridge im Hintergrund, Photochrom von 1900.
Unten: Die Freiheitsstatue – mit offiziellem Namen *Liberty Enlightening the World* (Freiheit erleuchtet die Welt) – steht seit 1886 im New Yorker Hafen. Hier ein Photochrom von 1905.
Linke Seite: Die Manhattan Bridge wurde 1909 für den Verkehr zwischen Manhattan und Brooklyn eröffnet.
Linke Seite, oben links: die Brooklyn Bridge um 1900. Die von dem deutschstämmigen Architekten John August Roebling konstruierte Brücke wurde nach 14 Jahren Bauzeit am 24. Mai 1883 dem Verkehr übergeben. Die Granitpfeiler mit den gotischen Torbögen erheben sich gut 91 Meter über den East River.
Linke Seite, oben rechts: die Fulton Ferry. Die von Robert Fulton – dem Pionier der Dampfschifffahrt – gegründeten Fährbetriebe wurden mit dem Bau der Brooklyn Bridge überflüssig. Die Fulton Street (in Manhattan und Brooklyn) und Gedenkreliefs an der Brücke erinnern an die Fulton Ferry.

Seite 30: Deckblatt und eine Doppelseite des Bildbands *King's Views of New York*, 1908/09: im Vordergrund das Woolworth Building, im Hintergrund links das Singer Building, rechts die City Hall.
Seite 31: das 1915 erbaute Equitable Building, Foto aus den 1990er-Jahren.
Als Faksimile: eine 1911 aufgegebene Postkarte mit einer Ansicht von den New Yorker Docks.

THE BOWERY SAVINGS BANK
126
UNIFORM SUITS AT LOW PRICES
EXPRESS TRAINS STOP

CASPERFELD & CLEVELAND
144
DIAMONDS
AND
WATCHES.
THE GAIETY
MUSEE
CALLAHAN'S
GLASSHEIM'S
136 HATS 136
AIR

3

Es gibt in New York nicht so viele gute alte Hotels wie in Paris oder London; die neuesten und teuersten sind die besten. So wurde das alte Fifth Avenue Hotel durch das Waldorf ersetzt, das wiederum durch das Plaza und das Ritz entthront wurde (...). Um die Mitte des 19. Jahrhunderts ersetzte New York seine Familienpensionen durch das Astor House, 1856 dann durch das luxuriöse, mit Gas beleuchtete Fifth Avenue Hotel im vollen Stolz seiner sechs Stockwerke aus weißem Marmor und erster Aufzüge; anschließend kamen das Commodore, das Breevort und schließlich das Waldorf-Astoria, dessen Einweihung nicht weniger Aufsehen erregte wie die des Grand Hôtel an unseren heimischen Boulevards. (...) Gegen Ende des 19. Jahrhunderts war das Waldorf-Astoria – unter Leitung des berühmten Oscar – das eleganteste Hotel; heute ist es im Verschwinden begriffen. Wie beim Pennsylvania, beim Belmont, beim Mac Alpin oder beim Astor (das den ersten mit Gasleuchtern erhellten Dachgarten besaß) besteht die Waldorf-Kundschaft aus Händlern und Provinzbewohnern, die typisch amerikanisch und deshalb amüsant zu beobachten sind. Seine Aufzüge ähneln weiterhin Postkutschen, und es kommt ihnen nur der wundervolle gepolsterte Heißluftballon in unserem Meurice gleich. Die New Yorker Hotels haben zwar eine erstaunliche Vielzahl an Zimmern, aber keine Appartements; die Ordnung ist militärisch; sie zeichnen sich nicht durch ihre Küche aus, die Moral ist streng, wovon Unteraufseherinnen zeugen, die auf jedem Stockwerk hinter Pulten stehen und alle Durchgangstüren überwachen. Die Empfangsräume sind Palmenhaine; dort rauchen Herren, den Hut fest auf dem Kopf, schon am Morgen dicke Zigarren (...), auf allen Tischen steht ein Telefon, und die Boys laufen herum und rufen lauthals Zimmernummern aus. In den Hallen findet man so gut wie alles, ohne dass man auf die Straße hinaus muss; es sind kleine Städte innerhalb einer großen (...). Man geht unter allen möglichen Vorwänden hinein: um Blumen oder eine Zeitung zu kaufen, ein Sandwich zu essen, sich zu treffen, einen Kaffee zu trinken.

Paul Morand, 1930

Linke Seite: der Eingang in der 33rd Street zum alten Waldorf-Astoria Hotel im Jahre 1902, vor dem gerade zwei eleganten Damen in die Pferdekutsche geholfen wird. Das Hotel wurde von William Waldorf Astor erbaut, dem Neffen der legendären Mrs. Astor, der Ersten Dame der New Yorker Gesellschaft. Heute steht hier das Empire State Building.
Rechts: ein reizender weiblicher *bellhop* (Hotelpage) im Alamac Hotel, Uptown New York.
Als Vignette: Art-déco-Ornament der Aufzugtür, die sich zum Ballsaal des Hotels öffnet.
Ganz rechts: Postkartenmotiv des Bahnhofs Grand Central Terminal an der 42nd Street, 1924.

Seiten 34/35: ein Photochrom von der Bowery Savings Bank, 1895 nach einem Entwurf von Stanford White erbaut. Das Gebäude besticht durch korinthische Säulen, venezianische Glasarbeiten, Marmormosaikböden und fast 20 Meter hohe Räume. Die Hochbahn Third Avenue El (von *elevated*) wurde 1880 errichtet und 1955 abgerissen. Die Bowery – wie man die südliche Third Avenue nannte – war ein Elendsviertel und Schauplatz von Stephen Cranes erstem Roman, *Maggie, das Straßenmädchen* (1893).

STREET CLEANERS

SNOW TIMES

CENTRAL PARK ENTRANC

LEMONADE

23RD ST. AND FIFTH AVE.

FRUIT

MULBERRY BEND

BROOMS AND BASKETS

GERMAN IMMIGRANTS

NEWSBOYS

LUNCH & ICE CREAM

RECREATION PIER

SHOELACES

GREELEY SQUARE

CHINATOWN

PRETZELS

FREE ICE

STATEN ISLAND FERRY

IMMIGRANTS

VEGETABLES

SELBST DENJENIGEN, DIE NEW YORK NICHT KENNEN, SIND ZWEI NAMEN VERTRAUT; der eine ist Manhattan, der andere ist Broadway. Während nun Manhattan das eigentliche New York ist, ist der Broadway das Herz von Manhattan. Die Hauptverkehrsader gibt der Insel ihre Einheit; wir sahen sie aus dem Bowling Green herauswachsen wie aus einer Blumenzwiebel. In gerader Linie, nur zweimal mit einer schwachen Biegung, entfernt sich der Broadway und verliert sich Gott weiß wo, 30 Kilometer von hier, vielleicht im Pazifischen Ozean! (...) Im Canyon des unteren Broadway herrscht das typische Geräusch von Wolkenkratzerstraßen, hohler, klangvoller als die anderen. Auch ihre Farbe ist anders, durchzogen von einem spärlichen Tageslicht, in dem gebrochene Sonnenstrahlenbündel kaum den in der Luft hängenden Staub durchdringen. Soll man diese Steilwände, die so gerade sind wie Schreie und durch eine überzogene Perspektive nach hinten gebogen, als Häuser bezeichnen? Sie kratzen nicht mehr an den Wolken, sie reißen sie auf. Sowie man zwischen sie eintaucht, ist es, als ob die immer enger zusammentretenden Senkrechten sich wie eine Ziehharmonika falten, als ob die Parallelen in schwindelerregender Weise herabkommen und schließlich ganz zusammenfallen.

Paul Morand, 1930

Oben: das Palais Royal am Broadway in den späten 1920er-Jahren. Die Leuchtreklame wirbt für den Auftritt der Tänzerin Dorothy Dickson. Diese verklagte den Besitzer des Etablissements auf Zahlung von 10 000 Dollar, mit der Begründung, dass sie und ihr Ehemann an den Getränkeeinnahmen beteiligt wären. Kurze Zeit später kontrollierte die Polizei die Einhaltung des Prohibitionsgesetzes. Der Besitzer zeigte sich bestürzt, dass in seinem Klub Alkohol konsumiert wurde.

Links: Originaldruck eines Werbeplakats für die Broadwayinszenierung von *Ben Hur* aus dem Jahr 1899. Vorlage war der amerikanische Erfolgsroman des 19. Jahrhunderts, den der Nordstaatengeneral, Kriegsheld und Politiker Lew Wallace schrieb und der viermal verfilmt werden sollte.

Linke Seite: der Herald Square mit Blick auf den südlichen Broadway. Rechts sieht man die Hochbahn der Sixth Avenue, links zwei berühmte Kaufhäuser: Das mächtige Gebäude im Vordergrund ist das Saks an der 34th Street, dahinter liegt das Macy's. Diesen Teil des Broadways nannte man wegen der prächtigen elektrischen Beleuchtung und der Betriebsamkeit, die tags wie nachts herrschte, *The Great White Way*.

Rechts: der Times Square aus dem Jahr 1932, Foto von Samuel H. Gottscho. Der Stoffverkäufer und Freizeitfotograf machte erst ab 1925, im Alter von 50 Jahren, die Fotografie zu seinem Beruf. Die Library of Congress (Nationalbibliothek), die Columbia University und das Museum of the City of New York sammeln heute seine Arbeiten.

Seiten 38/39: Szenen aus dem Alltag der weniger Betuchten, veröffentlicht um 1900 in einem Buch von Moses King. Der Greeley Square ist die südliche Hälfte der *bow 'tie* (Fliege), einer Verkehrsschleife am Broadway, die die Sixth Avenue an der 34th Street diagonal durchkreuzt. Die nördliche Hälfte bildet der Herald Square, der im Anfangsvers von George M. Cohans *Give My Regards to Broadway* aus dem Jahr 1904 besungen wird.

Wenn der Abend besonders mild war, (schlenderte ich) die Madison Avenue hinab, an dem alten Murray Hill Hotel vorbei und über die 33. Straße zum Pennsylvaniabahnhof. Ich begann, New York zu lieben, seine kühne, abenteuerliche Atmosphäre bei Nacht und das unablässige Getriebe der Fußgänger – Männer und Frauen – und der mechanischen Verkehrsmittel, das dem ruhelos schweifenden Auge solche Befriedigung gewährt. Mit Vorliebe spazierte ich die Fifth Avenue hinauf, nahm aus der Menge diese oder jene vielversprechend aussehende Frau aufs Korn und bildete mir ein, ich würde binnen weniger Minuten in ihrem Leben eine Rolle spielen (...). Und wiederum gegen acht, wenn sich in den dunklen Zeilen der 40er-Straßen die Autotaxen mit pochenden Motoren in Fünferreihen drängten und dem Theaterviertel zustrebten, wurde mir das Herz schwer. Im Innern der wartenden Taxis neigten sich Formen zueinander, klangen Stimmen auf (...). Ich bildete mir ein, auch ich führe in fieberhafter Eile zu irgendeiner Lustbarkeit, und indem ich so an ihrem erregenden Privatleben teilhatte, wünschte ich ihnen alles Glück.

F. Scott Fitzgerald, 1925

Oben: Blick von der 51st Street Richtung Norden auf die Fifth Avenue, Photochrom von 1900. Auf der Ansicht erkennt man die Glockentürme der Saint Thomas Church an der 53rd Street (sie brannte 1905 ab und wurde leicht abgewandelt wieder aufgebaut) sowie die Fifth Avenue Presbyterian Church an der 55th Street. Im Vordergrund sieht man die herrschaftlichen Zwillingsgebäude der Vanderbilts (das eine wurde von William H. Vanderbilt bewohnt, das andere ließ er für seine Tochter bauen) sowie das Marmorpalais von William K. und Alva Vanderbilt. Die Avenue war als Millionärsmeile bekannt.

Rechts: die Miniatureisenbahn *Limited Express* im Central Park (Bild für ein Stereopticon).
Als Vignette: Gepäckaufkleber des Plaza Hotel am Central Park.
Rechte Seite, oben: die Promenade im New Yorker Central Park, 1902.
Rechte Seite, unten: das Plaza Hotel, von der Grand Army Plaza aus gesehen. Das heutige Hotel wurde 1907 errichtet.
Seiten 44/45: In der West Street am Hudson River hatten mehrere Eisenbahnlinien Richtung Westen und Süden ihre Endbahnhöfe. Bemerkenswert sind die Fußgängerbrücken. Die West Street musste später dem West Side Highway weichen.

LIBERTY ST STATION
CENTRAL
RAILROAD OF
EW JERSEY.
ENTRAL
RAILROAD OF
W JERSEY.
CENTRAL R.R. OF NEW JERSEY
PASSENGER STATION
LIBERTY ST. FERRY
ER BROS
B. G. HUG
YORK CITY

REST
DAGWELL

Während der Rhein nur in seinem Ober- und Mittellaufe jenen romantischen Reiz besitzt, der ihn zum besuchtesten Flusse Europas machte, und im Unterlaufe völlig reizlos wird, fängt die Schönheit des Hudson schon bei seiner Mündung an, kaum dass man dem Häusermeer von New York den Rücken gewendet. Überall, wohin man sieht, wunderbar bewaldete Berge, die in sanften Wellenlinien den Flusslauf in der Ferne begleiten. Überall das schöne üppige Grün, das der amerikanischen Landschaft so eigentümlich ist, und sich im Herbst in jene unglaublich grellen Farben verwandelt, welche der Amerikaner mit dem Namen »Indianersommer« bezeichnet. Die Ufer des Hudson haben überdies unendlich mehr Charakter als jene des Rheins. Würden die letzteren nicht den größten Teil ihres Reizes verlieren, wenn man sie der alten ruinenhaften Burgen beraubte? (…) Tag und Nacht über, Sommer für Sommer bis spät in den Winter hinein, wo das weite Strombett mit Eis bedeckt ist, schwimmen Tausende, ja Zehntausende von Schiffen auf und nieder und verleihen dem Flusse auf der ganzen 144 Meilen langen Strecke nordwärts bis Albany, das ungewöhnlichste Leben.

Ernst von Hesse-Wartegg, 1880

Oben: Die freitragende Poughkeepsie Railroad Bridge wurde 1889 erbaut und war 1904, als diese Aufnahme entstand, die wichtigste Eisenbahnbrücke über den Hudson River. Damals säumten riesige Stahlwerke mit ihren Hochöfen das Flussufer. Ein Journalist, der 1878 mit der *Drew* nach Albany fuhr, beschrieb die Szenerie: Flammen, die aus den Schloten hervorloderten, die Stahlschmelze, die sich in Strömen über den Boden ergoss, »halb nackte Teufelskerle«, die mit langstieligen Werkzeugen hantierten …

Links: der Bahnhof in Fleischmanns an der Ulster and Delaware Railroad in den Catskills Mountains, Foto von 1890. Er ist bis heute in Betrieb.

Links unten: Die Stadt Saratoga Springs war im 19. Jahrhundert ein beliebter Kurort. Die amerikanische Schriftstellerin Edna Ferber verewigte den Ort in ihrem Roman *Saratoga*, der später mit Gary Cooper und Ingrid Bergman verfilmt wurde.

Linke Seite: zwei Seitenraddampfer, flussauf- bzw. flussabwärts auf dem Hudson River unterwegs, Druck von Currier & Ives aus dem Jahr 1878. In den schwimmenden Palästen reiste man über Nacht von New York zur Hauptstadt des Staates Albany und umgekehrt. Der Journalist an Bord der *Drew* schilderte »das blasse Mondlicht, die Back- und Steuerbord-Leuchten und den Feuerschein der großen Hochöfen am Ostufer des Flusses«.

Der nächste Tag war bezaubernd schön. In einer Stunde brachte mich die Eisenbahn ans südliche Ende des Lake George, nach Caldwell, wo das Schiff gleich nach der Ankunft des Zuges abfährt. In der Nähe wurde an der Stelle eines alten französischen Forts, von dem noch einige Ruinen geblieben sind, ein riesiges Hotel erbaut, wie man sie nur in Amerika sieht. (...) Heute sind eine Vielzahl kleiner Cottages an seinen bewaldeten Ufern verstreut. Auf der Flucht vor der Hitze des Monats August, die in New York oft unerträglich ist, kommen die Bürger und Bürgerinnen der großen Stadt mit Vorliebe hierher, um eine reinere und frischere Luft zu atmen. Sicherlich ist der Lake George mit seinen zahllosen grünen Inseln hübsch, sogar sehr hübsch (...). Man könnte ihn mit den Seen Schwedens vergleichen, wenn auch mit etwas höheren Bergen und dem lebhaften Treiben am Ufer, wo viele nahe beieinanderliegende Haltestellen es möglich machen, einer Menge hell gekleideter, hübscher amerikanischer Misses bei der Strandpromenade zuzusehen.

Edmond Cotteau, 1890

Oben: Touristen auf einem Boot mit zwei Decks, das sich der Anlegestelle am Blue Mountain Lake in den Adirondack Mountains nähert (1911). Auf dem Oberdeck fotografiert ein Mann den Fotografen auf dem Anlegesteg.

Oben links: Anlegesteg des majestätischen Sagamore Hotel am Lake George, Photochrom von 1904. Der viktorianische Bau wurde auf einer Privatinsel errichtet, am Fuße der Adirondack Mountains im Staat New York.

Oben rechts: der *Open Adirondack Camp*, ein nach vorn offener Unterstand, der im ganzen Land populär wurde, nachdem er 1876 auf der Philadelphia Centennial Exposition gezeigt worden war, Photochrom von 1903.

Links: Werbeprospekt für die Inselgruppe Thousand Islands, nahe der Grenze zwischen New York und Kanada. George Boldt, der Besitzer des Waldorf-Astoria, ließ auf einer der Inseln das Hotel Boldt Castle errichten. Dort wurde das Salatdressing *Thousand Islands* erfunden, das heute in der ganzen Welt bekannt ist.

Rechte Seite: »Wie man in den Adirondacks sein Kanu zu tragen pflegt«, so lautet der Titel des Photochroms von 1903!

Seiten 50/51: ein Picknick um die Jahrhundertwende.

Als Faksimile: Prospekt von der High Falls Gorge in den Adirondacks. Das Naturwunder ist seit 1961 durch einen befestigten Wanderweg erschlossen.

High Falls Gorge is located on Route 86 midway between the villages of Lake Placid and Wilmington, N.Y. In the newly opened High Falls Gorge building, there is a cafeteria and fountain, also a gift and souvenir shop. Ample parking space is provided, easy of access just off the highway. High Falls Gorge is a place that all the family can enjoy. For location and how to get there, consult the map on the back page.

exciting Natural Attractions

Camera fans will find exciting scenes to capture along the trip through the gorge. Many vantage points offer wonderful views of foaming rapids, pot holes, the Needle's Eye, the play of light and shadow on pool, mist and shrub — everything to round out your photographic record of a memorable vacation.

Whiteface Mountain Chair-t, operating summer and nter, is one mile from High lls Gorge. The Whiteface ountain Highway entrance is nutes away. The Ausable ver cascades through High lls Gorge at the foot of hiteface Mountain.

In the Adirondacks

One of New York State's

Underfoot, a profusion of wild flowers and ferns; towering overhead, the wooded and rocky slopes of Whiteface Mountain, and cascading through the ravine the foaming beauty of the Ausable River, a never-to-be-forgotten spectacle. Cross-bridges and safe walkways provide numerous vantage points — for photography, for observation of the rock formations, for thrilling views of the waterfall in its plunge from rock to rock. Surely no Adirondack vacation is complete unless it includes a visit to this spectacular, unspoiled spot.

Good food is served in our cafeteria. For those who prefer dining outdoors, there are conveniently located picnic tables.

Anyone interested in geology will revel in High Falls Gorge. Varied strata (observable along the route through the ravine), dominated by Whiteface anorthosite granite, tell the story of the ages. In the Mineral Museum, specimens of minerals to be found in the Adirondacks (titanium, garnet, gem stone, iron ore, etc.) are on display, their beauty dramatically enhanced by means of ultra-violet lamps.

High Falls Gorge, on Route 86, is an easy distance from anywhere in the Adirondacks. It is 99 miles from Montreal, 150 from Albany, 101 from Massena, 32 from Port Kent (ferry from Burlington, Vt.).

Auf dem kanadischen Ufer fahren wir die Schlucht entlang, vorbei an einer endlosen Reihe von Photographen (...). Tagtäglich gehen aus den Händen dieser Photographen stolze Bilder hervor: Papa und Mama, mit oder ohne Kinder, alle einfältig lächelnd, alle auf dem Wagen gruppiert, in unbequemen und gekünstelten Stellungen, alle in blödsinniger Größe emporragend vor der in verkleinertem Maßstab übel zugestutzten Wiedergabe des majestätischen Naturwunders, des Wasserfalles, dem die Geister des Regenbogens dienen, dessen Stimme Donner ist, dessen ehrfurchtgebietende Stirn sich in Wolken hüllt. Schon in vergangenen und vergessenen Zeitaltern war er hier König, noch ehe dieses Menschengewürm geschaffen ward, um auf eine kurze Spanne Zeit in den unzähligen Welten der Schöpfung eine Lücke auszufüllen. Und er wird weiter herrschen, jahrhunderte- und jahrtausendelang, nachdem sich dieses Geschlecht längst zu seinen Blutsverwandten, dem andern Gewürm, gesellt und sich mit ihrem vergessenen Staub vermischt haben wird.

Mark Twain, 1871

Oben: die atemberaubendsten Wasserfälle des Niagara River, die Horseshoe Falls, 1910 von Goat Island aus aufgenommen. 1832 reiste der österreichische Schriftsteller Nikolaus Lenau nach Amerika. Die Niagarafälle inspirierten ihn zu einem Gedicht: »Wo des Niagara Bahnen / Näher ziehn dem Katarakt, / Hat den Strom ein wildes Ahnen / Plötzlich seines Falls gepackt. / Die Stromschnellen stürzen, schießen, / Donnern fort im wilden Drang, / Wie von Sehnsucht hingerissen / Nach dem großen Untergang.«

Oben: Für den Bau der Hängebrücke über die Niagara Gorge wurde ein Drachenflug-Wettbewerb abgehalten. Der 15-jährige Homan Walsh steuerte seinen Drachen erfolgreich über den Fluss und erhielt fünf Dollar Preisgeld. Dann wurde ein Strick an der Drachenschnur befestigt und über den Fluss gezogen, anschließend ein Seil, ein 36-strängiges Tau und die Brücke selbst.

Rechte Seite: die kleineren American Falls und der nach der Bibel benannte Rock of Ages (ewiger Fels), Photochrom von 1900.

Seiten 54/55: Eisformationen an den Wasserfällen um 1890.

CHESTNUT IST DIE GROSSE GESCHÄFTSSTRASSE VON PHILADELPHIA; sie wird von prachtvollen Läden und reich ausgestatteten Boutiquen mit leuchtenden Schaufenstern gesäumt, die denen von Paris oder London in nichts nachstehen. (...) Die wichtigsten Hotels im Zentrum, von denen ich das Continental und das Colonnade erwähnen möchte, sind völlig ausgebucht. Von oben bis unten beflaggt und mit Einbruch der Dunkelheit herrlich beleuchtet, tragen sie zur Zierde der Stadt bei; vor allem abends bieten sie einen märchenhaften Anblick. (...) Bis zu sehr später Stunde drängt sich die Menge an den Bowling- oder *shuffleboard*-Bahnen, Schießständen, Bierausschänken und den zahlreichen *oyster saloons in every style*. In letzteren Einrichtungen serviert man Austern natur, gebraten, gekocht, als Suppe oder sogar als Pastete. Man verzehrt sie in Amerika in großen Mengen. (...) Nicht zuletzt serviert man sie oft auch gekocht und in einer Schale Milch schwimmend, reichlich mit Pfeffer bestreut.

Edmond Cotteau, 1877

Oben: die South Broad Street in Philadelphia mit dem Blick nach Norden auf die City Hall, Photochrom aus dem Jahr 1901.

Als Vignette: das Benjamin Franklin Hotel (1926), allgemein bekannt als Ben Franklin House – oder kurz Ben. 1925 erbaut und nach dem berühmtesten Repräsentanten der Stadt benannt, besaß es einen der größten Ballsäle Philadelphias. In den 18 Stockwerken standen 1200 Zimmer zur Verfügung, dank der Drei-Türme-Architektur alle hell und luftig.

Rechte Seite: das Hotel Walton um 1890.

Seiten 58/59: der Uferweg am Delaware Water Gap in Delaware, Photochrom, um 1900. Diese Gegend, wo der Delaware River sich seinen Weg durch die Höhen der Appalachen bahnt, ist ein klassisches Kanu- und Wandergebiet. Es liegt an der Grenze zwischen New Jersey und Pennsylvania. Die unverwechselbare Landschaft kann schon aus der Ferne bewundert werden.

A.SCHULTE
A. SCHULTE CIGARS
CIGARS
DRUGS

Allein was all die Leute in Atlantic City tun ist ein Rätsel für jeden, der als Beobachter hierherkommt. Manche kommen zweifelsohne, weil sie entspannen, den weiten Strand, den Boardwalk und die Sonne genießen und beim Geräusch der Brandung ein wenig dösen wollen. Jung und Alt ist gleichermaßen vertreten. Das Kommen und Gehen der Besuchermassen erinnert an einen Bienenschwarm oder – in ihrer ständigen Rastlosigkeit – eher noch an Ameisen, und sie sind überall. (...) Zu den Besonderheiten der Piers zählt, dass einem für ein einmaliges Eintrittsgeld der Zugang zu dem gesamten Angebot offensteht – natürlich mit Ausnahme von Speisen und Getränken. (...) Man kann zwei oder drei Theatervorstellungen nacheinander besuchen (auf dem Steel Pier gibt es sogar ein Kindertheater, wo manch angehender Star eine erste Chance erhielt) oder tanzen, in den Zirkus gehen, das Meer betrachten oder sich in Liegestühlen räkeln, und für all das muss man nur das Entgelt am Eingang entrichten.

Herbert Russell, 1947

Oben: ein Kunstwerk aus Sand mit gesellschaftspolitischer Note: *Don't forget the workers* (Vergesst die Arbeiter nicht) lautet die Inschrift.
Links: ein Sommertag am überfüllten Strand von Atlantic City. Die Decke des Pferdes, das den Eiscreme-Wagen zieht, wirbt für ein Baseballspiel im Inlet Park.
Linke Seite, oben: Die Uferpromenade von Atlantic City war eines der Highlights an der Ostküste. Die Mäntel der Flaneure lassen darauf schließen, dass dieses Photochrom in der kühlen Jahreszeit entstand. Der Fotograf ließ es 1900 urheberrechtlich schützen, zwei Jahre bevor ein schreckliches Feuer die gesamte Promenade in Schutt und Asche legte.
Linke Seite, unten: das Breakers Hotel bei Nacht *(links)* und der von Young erbaute Million-Dollar-Pier bei Nacht *(rechts)*, Photochrom-Postkarten, um 1900.
Seiten 62/63: Das Foto von 1910 zeigt eine Menschenmenge am Steel Pier, der 1898 eingeweiht wurde. Eine Attraktion dort waren die »tauchenden Pferde«: Sie sprangen mit ihren Reitern von einem ursprünglich gut 18 Meter hohen Turm, der später aber auf neun Meter verkleinert wurde.

THE WHITE HOUSE

● The White House has been the home of the Presidents from the time of John Adams to the present. Washington selected the site, laid the cornerstone in 1792, and with his wife, Martha, inspected the finished building in 1799. The building is of Virginia Freestone. After the house had been fired by British troops in 1814 and only the walls were left standing, the restored exterior was painted white to obliterate the marks of the fire.

BLAIR-LEE HOUSE AND BLAIR HOUSE

● The Blair-Lee House and the Blair House are official guest houses of the Nation. When a visiting dignitary occupies one of the houses, his Nation's flag always appears on the mast. There are no flags when the houses are not in use. President Truman occupied the Blair House during the White House renovation, 1948-1951. The American flag was on the Blair House mast whenever President Truman was in the city.

THE WHITE HOUSE — SOUTH SIDE

Die Luft schwer, die Hitze erstickend. Staub und Muskitos unbarmherzig. Arlingtonhouse, das Hotel der offiziellen Welt, der Senatoren, der Männer der Politik, der Stellenjäger und Sollicitanten höherer Art, ein unbehagliches Karavanserai. Die schlaflosen Nächte verbringt man unter einem durchlöcherten Mückennetz, die heißesten Stunden des Tages in den Sälen des Erdgeschosses oder auf der Veranda. Da liegen mehrere Gentlemen, in Wiegenstühle ausgestreckt. Sie rauchen, sie kauen, sie spucken mit gegen die Decke gerichteten Blicken, aber sie sprechen nicht. In den weiten Räumen herrscht dumpfes Schweigen.

Joseph Alexander von Hübner, 1871

Oben: das Titelblatt eines Souvenirbüchleins aus den 1950er-Jahren *(links)* sowie die Seite mit dem Lincoln Memorial und dem Lincoln Museum, dem einstigen Ford's Theater *(rechts)*.

Linke Seite, oben: Doppelseite aus dem Souvenirbüchlein. Auf den Fotos sind die Nordfassade des Weißen Hauses sowie das Blair-Lee House und das Blair House zu sehen, wo Präsident Truman wohnte, als 1948 bis 1951 das Weiße Haus renoviert wurde.

Linke Seite, unten: die Bar im Willard Hotel, Foto aus dem ersten Jahrzehnt des 20. Jahrhunderts. Der Schriftsteller Nathaniel Hawthorne sagte einmal: »Das eigentliche Zentrum von Washington ist weder das Kapitol noch das Weiße Haus oder das State Departement, sondern das Willard Hotel.«

Links: Im Mayflower Hotel, das den Spitznamen »Washingtons Grande Dame« trug, fand, seit Calvin Coolidge 1925 als Präsident im Amt bestätigt worden war, nach den Wahlen stets ein großer Ball statt. Wie zu erwarten, ließ sich Coolidge, der als ungesellig galt, auf seinem eigenen Antrittsball nicht blicken.

THE GEORGE WASHINGTON
Sleep like a Kitten
CHESAPEAKE and OHIO LINES

Oben: Pferde und Reiter vor dem Homestead Hotel in Hot Springs, Virginia, einem ehrwürdigen Luxushotel, das Präsidenten und Könige zu seinen Gästen zählte. Es wurde 1888 von einem Konsortium unter Führung von J. P. Morgan erworben. 1915 verbrachte Präsident Woodrow Wilson hier mit seiner zweiten Frau, Edith Galt Wilson, die Flitterwochen. Seit Thomas Jefferson 1818 stiegen nahezu alle Präsidenten der USA hier ab.
Links: Postkarte, um 1900.
Ganz links: ein Tennismatch im Homestead Hotel, 1930er-Jahre.
Als Vignette: Gepäckaufkleber der Chesapeake & Ohio Railway, 1947.

Charleston – seine Geburtsstadt. Jazz, verrenkte Glieder? Gerade das Gegenteil. Eine verträumte Stadt, hier in den Staaten. Die Prospekte über Charleston verkünden: die einzige amerikanische Stadt mit »quaintness«, so etwas wie verschlafener Altertümlichkeit. Alte Paläste, von breiten Patios umschlungen, verwittern in südländischen Gärten. Enge Gassen, alte Kirchen und Friedhöfe, verfallene Forts. Marmorne Löwen bewachen die alten Häuser am Quai des südlich strahlenden Atlantischen Ozeans. (...) Wenn die Passagierdampfer, die von New York nach Florida fahren, im Hafen anlegen, kommen die Neger, die nichts Besseres zu tun haben, und tanzen für einige Cents die neuesten Tänze und singen Blues, die sie vielleicht gerade im Augenblick improvisieren. Deshalb: Charleston. Ich wohne auch in einer Pension, einem alten, verfallenen Palast, der sich gegen seine Tradition »Haus des Volkes« nennt. Die Eingänge in die Zimmer führten alle durch den riesigen Patio und erleichterten die Verbindungen zwischen den verschiedensten Liebespaaren. Das Durcheinander von Grammophonen und Ukulelen gab eine Musikbegleitung, als würde ein Wahnsinniger eine Oper dirigieren.

Maria Leitner, 1932

Oben: Howard Coffin, eine Führungskraft in der Automobilindustrie und ein Pionier der Fliegerei, trieb die Erschließung von Sea Island und den anderen Inseln – Jekyll, St. Simons sowie Little St. Simons – an Georgias Goldküste voran. Er ließ das exklusive Hotel The Cloister auf Sea Island errichten.
Links: das Interieur des Hotels in den 1920er-Jahren.
Vignette: Afroamerikanerinnen auf den Stufen vor einem Gebäude der Atlanta University. Die Fotografie stammt von dem schwarzen Fotografen Thomas Askew. Sie gehörte zur Sammlung W. E. B. Du Bois und wurde 1900 zur Weltausstellung in Paris gezeigt.
Seiten 68/69: die Plantage der Draytons, Magnolia-on-the-Ashley, Photochrom um 1900. Der Fluss Ashley fließt durch Charleston und bildet den Stadthafen. Als Margaret Mitchell die Hauptfigur ihres Romans *Vom Winde verweht* Ashley Wilkes nannte, hatte sie sowohl den Fluss als auch die adelige Familie vor Augen, nach welcher der Fluss benannt ist. Die alten Bäume sind von Louisianamoos überwuchert.

ALC
AF&CROSBY
LERS

ZAR

Zwischen den kleinen niedrigen Balkonhäusern mit ihren Seitentreppen und ihren Thorwegen, inmitten alles dessen, was den alten spanischen Typus trägt, streben Neubauten hoch empor, so zierlich und so geschmackvoll, das sie in anderer Umgebung als wahre Perlen gelten würden, hier aber den Eindruck machen, den man von einer alten, mit neuestem Tuch geflickten Hose empfängt. (...) Dazu kommt noch eine Anzahl gewaltiger Hotelbauten wie das St. Augustinehotel, das Magnolia-House usw., von denen die beiden genannten allein die ganze Bevölkerung der Stadt in sich aufnehmen könnten. Selbst ein Nachtclub hat sich hier bereits etabliert, sein zierliches Häuschen ist eines der hübschesten Gebäude der Stadt.

Ernst von Hesse-Wartegg, 1880

Seiten 72/73: das Alcazar Hotel in St. Augustine, Florida, Photochrom von 1898. Henry Flagler, ein Öltycoon und Immobilienhändler (er war der Gründervater von Miami Beach) ließ es 1887 als Quartier für wohlhabende Touristen errichten, die mit seiner Eisenbahnlinie gen Süden reisten. Das Gebäude im spanischen Renaissancestil war eines der ersten Bauwerke aus Schüttbeton weltweit.
Oben: Das Alcazar Hotel verfügte bei seiner Einweihung über das weltweit größte Hallenschwimmbad. Heute dient es als Museum und Rathaus von St. Augustine.

Links unten: ein Werbeplakat des National Park Service für Fort Marion, wie Castillo de San Marcos bis 1942 genannt wurde. Das Fort wurde in den 1670er-Jahren erbaut, St Augustine bereits 1565 gegründet.
Als Vignette: eine Frau beim Schreiben eines Briefes im luxuriösen Salon des Hotels Ponce de Leon, das gegenüber dem Alcazar liegt und ebenfalls von Flagler gebaut wurde.
Rechte Seite: die Speisekarte für das Mittagessen im Hotel Ponce de Leon vom 27. Februar 1880.

HOTEL PONCE DE LEON

O. D. Seavey, Manager,

ST. AUGUSTINE, FLORIDA.

Lunch.

WEDNESDAY, FEBRUARY 27, 1889.

Rice Lié, à l'Allemande. Consommé en Tasse.

Broiled Shad, Maître d' Hôtel.

Radishes. *Potatoes, Dauphines.*

Roast Ribs of Beef. Lamb Ballotine, à l' Espagnole.

Mashed Potatoes. *Stewed Tomatoes.*

Crab Croquettes, à la Crême.

Small Sirloin, à la Cheron.

White Beans aux Fines Herbes. *New Potatoes.* *Russian Turnips.*

Pork and Beans, Boston style—Hot Boston Brown Bread.

Ribs of Beef. Mutton. Ham. Pickled Tripe.

Pickled Lamb's Tongue. Pressed Corned Beef.

Pickled Eel. Tongue.

Die meisten Bäume in Florida, und insbesondere die Zeder und die Steineiche, sind mit einem weißlichen Moos bedeckt, welches von den Ästen bis auf die Erde herabhängt. (...) Am Tage ist der Anblick nicht minder malerisch; denn dann hängen sich eine Unzahl von farbenprächtigen Schmetterlingen, Glanzfliegen, Kolibris, grünen Papageien und hellblauen Elstern an dieses Moos, und bilden gleichsam wollene Teppiche, in deren glänzenden Schnee ein europäischer Künstler glänzende Insekten und Vögel gestickt hat. Unter diesen lieblichen grünen Lauben, diesen von der Hand des großen Geistes geschwungenen Gewölben saßen wir denn selig miteinander in süßer, schattiger Ruhe. Wenn die Winde herniedersteigen, um das Laub der mächtigen Zeder zu wiegen, und unser von Zweigen erbautes Lustschloss mit den unter seinem goldgrünen Dach schlummernden Vögeln und Reisenden hin- und herschwankte, wenn zahllose Seufzer aus den Wölbungen dieses schwebenden Gebäudes ertönten, o dann kam keines jener Wunder, deren die alte Welt sich rühmt, diesen heiligen Wundern des Urwalds nahe.

Chateaubriand 1801

Oben: das Royal Poinciana Hotel in Palm Beach, 1900. »Hier blühen, so die deutsche Schriftstellerin Maria Leitner, »alle exotischen Blüten Floridas, die rotgeflammten Pagnonias, die purpurfarbenen Poincianas, die amethystenen Bouganvilias, die einen so schweren betäubenden Duft ausatmen, dass neben ihnen alle europäischen Blumen wie Küchenkraut erscheinen.«
Links: Das Great Southern Hotel wurde 1924 nördlich von Miami Beach in Hollywood, Florida, erbaut. 1926 berichtete das beliebte Magazin *Literary Digest,* ein Vorläufer von *Time,* über das neue Touristenmekka.

Linke Seite: die Palm-Beach-Variante der Rikscha. Sie wurde *bicycle buggy* (Fahrradkutsche) genannt. Die Männer hinter den Sitzen treten in die Pedale.
Seiten 76/77: Vom Morgan House aus, einem Hotel in Silver Springs, Florida, sah man den Dampfschiffen beim Anlegen zu. Bevor die Eisenbahn nach Silver Springs kam, musste man in Jacksonville ein Dampfschiff besteigen. Dann ging es gen Süden über den braunen Flusslauf des Ocklawaha River und durch eine dicht bewaldete Sumpflandschaft bis zu den glasklaren Gewässern, die von den »silbernen« Quellen gespeist werden.

Ein Bericht in der Sun über das Leben an der Küste Südfloridas in den 1870er-Jahren zeigt eine rosige, aber auch eine unerquickliche Seite: Es gab Klapperschlangen, Panther, Alligatoren und Unmengen von Stechmücken. Doch bei den Seminol-Indianern konnte man für eine Handvoll Perlen frisches Wildbret erwerben, Bärensteaks gab es im Überfluss, riesige Meeresschildkröten krochen beim Dinner bis zum Tisch, und Klima sowie Angelmöglichkeiten waren natürlich sagenhaft. Wollte man jedoch – wie der Historiker Theodore Pratt anmerkt – einen Brief von Miami in das knapp 145 Kilometer entfernte Jupiter senden, musste man ihn mit dem Key-West-Postschoner auf den Weg schicken. Er reiste dann nach Kuba, von dort mit einem Dampfschiff weiter nach New York und schließlich mit der Eisenbahn und per Boot auf dem Indian River zurück nach unten zu der kleinen Leuchtturm-Gemeinde. Es bedurfte zweier Monate und fast 5 000 Kilometer, um einen Brief in einen weniger als 150 Kilometer entfernten Ort zu senden. Die Regierung rief die berühmte *barefoot mailman route* ins Leben: Ein Briefträger legte für 300 Dollar im Jahr die einzige begehbare Verbindung über den Strand zu Fuß zurück. Die Strecke sollte zu einer regulären Route zwischen Palm Beach und Miami werden. Barfuß war er, weil es sich auf hartem, nassem Sand so am angenehmsten läuft.

Stanley Johnson und Phyllis Shapiro, 1987

Rechts: das Royal Palm Hotel in Miami im Jahr 1900. Das von dem Visionär und Großunternehmer Henry Flagler 1897 errichtete Gebäude verfügte als erstes der Stadt über elektrisches Licht, Aufzüge und ein Schwimmbad. Bei dem verheerenden Hurrikan von 1926 wurde es schwer beschädigt und 1930 abgerissen.
Rechts unten: Postkarte vom Hotel Palm Beach, um 1910.
Linke Seite: Das 1926 eröffnete Hollywood Beach Hotel entwarf Addison Mizner. Er und sein Bruder Wilson Mizner hatten aristokratische Vorfahren, waren aber gewitzte Gauner: In Floridas goldenen 1920er-Jahren zogen sie reihenweise Industriemagnaten über den Tisch. Einer von Wilson Mizners weithin bekannten Aussprüchen lautete: »Stell dich immer gut mit den Menschen, die deinen Weg nach oben kreuzen, denn du triffst sie auf dem Weg nach unten wieder.« Das Musical *Bounce* von Stephen Sondheim aus dem Jahr 2003 basiert auf dem Leben der Mizner-Brüder.
Seiten 80/81: Das Royal Poinciana Hotel am Lake Worth, Palm Beach, wurde ebenfalls in den 1890er-Jahren von Henry Flagler errichtet. Die Gartenanlage bot den Gästen eine schattige Oase unter Palmenblättern, die besänftigend in der Meeresbrise raschelten.

Mittlerer Westen und Mississippi

Von Baltimore nach New Orleans

Oberer See
Sault Sainte Marie
Kanada
Huronsee
Ontariosee
Wisconsin
Michigan
New York
Michigansee
Eriesee
Detroit
Iowa
Chicago
Cleveland
Pennsylvania
Ohio
Pittsburgh
Illinois
Baltimore
Harpers Ferry
Indiana
West Virginia
Cincinnati
Saint Louis
Missouri
Ohio
Charleston
Louisville
White Sulphur Springs
Mississippi
Ohio
Kentucky
Missouri
Tennessee
Arkansas
Memphis
Little Rock
Mississippi
Arkansas
Hot Springs
Mississippi
Alabama
Louisiana
Atlantischer Ozean
Mississippi
Biloxi
New Orleans

Baltimore ist der ideale Ausgangspunkt für eine Bahnreise in die Weiten des amerikanischen Binnenlandes, und das nicht nur, weil die Stadt Sitz und Terminus der ältesten amerikanischen Eisenbahngesellschaft ist. In den Adern der alten Hafenstadt, über der das Flair traditioneller Industriewaren wie Austern in Dosen, Segeltuch und Zigarren liegt, pulsiert die amerikanische Popkultur. Baltimore, das gern auch *Crabtown*, *Charm City* oder *Mob Town* genannt wird, hat ebenso düstere und aufwühlende wie unbeschwerte und groteske Facetten, hat Protagonisten wie Edgar Allan Poe, der hier begraben liegt – ursprünglich in einem anonymen Grab – und den Trash-Filmemacher John Waters. Baltimores Schriftsteller haben die merkwürdigen und pittoresken, die obskuren und gewaltsamen Seiten der amerikanischen Kultur festgehalten. Dashiell Hammett, der aus Baltimore stammt, arbeitet beim Detektivbüro Pinkerton, bevor er beginnt, Kriminalromane über einen *hardboiled detective*, den hartgesottenen Detektiv, zu schreiben. Während seiner eigenen Zeit als Detektiv nimmt er einmal einen Mann fest, der auf einem Jahrmarkt ein Riesenrad gestohlen hat, nur leider lässt er ihn entkommen. Noch in derselben Nacht entwendet der Dieb wiederum das Riesenrad, diesmal aus dem Asservatenlager der Polizei. Obwohl Baltimore nördlich von Washington liegt, hat es die Seele einer Südstaatenstadt. In der hier entstandenen Hymne des Staats Maryland ist verächtlich vom *Northern Scum*, dem Nordstaaten-Abschaum, die Rede.

Der Zug verlässt Baltimores im Beaux-Arts-Stil erbauten Pennsylvania-Bahnhof (die einstige Union Station) und folgt den Trassen der Baltimore and Ohio Railroad – einer der ältesten Eisenbahngesellschaften der Vereinigten Staaten – durch die saftige Landschaft Marylands Richtung Westen. Ursprünglich wird die Gesellschaft 1827 gegründet, um bei der Erschließung des rasant an Bedeutung gewinnenden Hinterlands mit dem New Yorker Eriekanal konkurrieren zu können. Es sind die frühen Jahre des Eisenbahnbooms. Viele der Brücken, Überführungen und Tunnel muten daher recht pompös an und sind vom wuchtigen neugotischen bzw. neuromanischen Stil geprägt. Noch heute blicken die Reisenden auf den Strecken der B & O auf grob gehauene Granitquader und fein gearbeitete Schlusssteine, und nicht auf rostendes Eisen oder lackierten Stahl wie bei Trassen jüngeren Datums. Die B & O ist übrigens die einzige der vier Eisenbahnlinien des Original-Monopolyspiels, die nicht nach Atlantic City führt, obwohl diese Stadt Pate für die Straßennamen des Spiels steht.

Nachdem die Bahn an dem Flüsschen namens Antietam vorübergerumpelt ist, dem Schauplatz einer der blutigsten Schlachten des Bürgerkriegs, geht es nach Martinsburg, West Virginia – mit einem herrlichen Ringlokschuppen aus dem Jahre 1866 – und durch Granitschluchten nach Harper's Ferry, der Stadt am Zusammenfluss von Shenandoah und Potomac. Das atemberaubende Panorama der steilen Klippen und gewaltigen Fluten hat die Herzen der Spätromantiker höher schlagen lassen.

Links: Deckblatt eines Fahrplans der B & O Railroad, 1910.
Unten: die Union Station in Pittsburgh, 1902.
Seiten 85/86: der Kai an der Canal Street in New Orleans, um 1900.

Links: der Dampfer *Christopher Columbus* auf dem Michigansee, 1893.
Unten links: Gepäckaufkleber des Chittenden Hotel in Columbus, Ohio.

Oben: zweistöckige Straßenbahn in Pittsburgh. 110 Passagiere konnten darin Platz nehmen, um 1910.

Oben: Farblithografie von St. Louis, Missouri, 1893.
Links: Ausschiffung von Passagieren während der Hochwasserzeit, Süden der USA, um 1900.

Rechts: Werbung für das Restaurant St. Nicholas in Cincinnati, eines der bekanntesten der Stadt, um 1873. Es war im Besitz eines aus Deutschland ausgewanderten Ehepaars.
Als Vignette, unten und oben: Gepäckaufkleber der B & O Railroad, 1940er-Jahre.
Ganz oben: Kansas City im Jahr 1909. Panoramaansicht mit dem Gebäude der First National Bank an der Ecke von 10th Street und Baltimore Street in der Mitte. Der prunkvolle Marmorbau war 1906 eingeweiht worden.

Nach den Höhen der Allegheny Mountains fährt die Bahn durch Cumberland, Maryland. Um 1900 beschreibt ein Schriftsteller die Stadt folgendermaßen: »Aus der Ferne wirkt es, als sei Cumberland vollkommen von hohen Bergketten umschlossen, die im Westen von einer tiefen Schlucht, genannt The Narrows, durchbrochen werden. Sie bildet ein natürliches Portal von großer Schönheit.« Cumberlands Bedeutung ist einem Eisenbahnknoten geschuldet, von dem aus die Züge weiter gen Norden nach Pittsburgh fuhren.

Wenn in den glorreichen Zeiten der amerikanischen Stahlindustrie die Erste-Klasse-Reisenden mit dem Zug Pittsburgh erreichten, wichen die spektakulären Ausblicke auf Fluss- und Berglandschaften nicht minder spektakulären Panoramen mit schwarzen Schatten und Funkenflug, mit winzigen, scharf umrissenen Gestalten, die riesige Kübel glühender Stahlschmelze fortbewegten – Einblicke in die Riesenhallen der Stahlwerke entlang der Bahntrassen. Einige flüchtige Blicke später fuhr der Zug in die kühle Eleganz der Pennsylvanian Union Station ein, die von Daniel Burnham entworfen und 1987 vollkommen restauriert wurde.

Selbstverständlich wurden in den Stahlwerken der Stadt auch die Eisenbahngleise gewalzt. Von Pittsburgh aus kann man nach Norden zu den Großen Seen weiterreisen, wo es in Ohio, am Ufer des Eriesees, eine ganze Reihe Städte zu entdecken gilt. Die östlichste Stadt ist das vormals wohlhabende Cleveland: Die Euclid Avenue, in der unter anderem John D. Rockefeller wohnte, war als »Millionärsmeile« und als »eine der schönsten Straßen der Welt« bekannt. Seinen Wohlstand verdankte Cleveland verschiedenen Faktoren: Mit dem Bau des Ohio-Erie-Kanals findet sich die Stadt am Ausgangspunkt der Wasserstraße zwischen den Großen Seen und dem Mississippi wieder, und auch der Schauplatz des ersten »Ölrausches« der Geschichte – Titusville und die

benachbarte Oil City im nordwestlichen Pennsylvania – ist nicht weit entfernt.

Weiter westlich am Seeufer liegen zwei andere Städte Ohios. Eine ist Sandusky, deren Straßennetz einst die Form eines Freimaurersymbols verbarg, das nur aus der Luft zu erkennen war. Die Stadt war Stützpunkt der *Underground Railroad*, einer Organisation, die Sklaven half, aus dem Süden nach Kanada in die Freiheit zu fliehen.

Ob der Reisende nun weiter nach Westen Richtung nach St. Louis, Missouri, fährt oder nach Süden über Memphis und Jackson nach New Orleans, er wird zwangsläufig am Ufer des Mississippi, des »Vaters aller Gewässer«, landen. Jene, die mit dem Dampfschiff oder der Eisenbahn seinem Lauf folgten, hielten oft ähnliche Eindrücke in Gestalt großartiger gemalter Panoramen fest: John Banvard malte einen Abschnitt des Mississippi auf eine gut 365 Meter lange Leinwand, die dann langsam vor den Betrachtern entrollt wurde und sie denken ließ, sie segelten den Fluss hinunter. Die Ankündigung warb mit einer Darstellung von fünf Flusskilometern des gewaltigen Mississippi. Im *Yellowstone Science Magazine* wurde kürzlich ebenfalls ein Panorama beschrieben: »Das Publikum des beweglichen Panoramas muss in eine Richtung blicken, wo die gemalte Szenerie in Gestalt eines Bühnenbilds zwischen zwei Leinwandrollen vor seinen Augen abläuft.« Henry Lewis malte 1849 sein *Mammoth Panorama of the Mississippi River* auf eine 750 Meter lange Leinwand und zeigte seine Show in den USA und in Europa, unter anderem in Düsseldorf. Das Abrollen der Leinwand dauerte Stunden; pseudowissenschaftliche Kommentare, Anekdoten und Klaviermusik begleiteten die Vorführung.

Alle moderneren Formen der Mississippi-Reisen verblassen im Vergleich zu den herrlichen altmodischen Fahrten mit dem Schaufelraddampfer. Die Dampfer, die stromauf- und -abwärts auf dem Fluss verkehrten, waren von technischer Raffinesse und boten ein nicht minder raffiniertes Ambiente. Die Glücksspieler auf den Schiffen erlangten als *Riverboat Gambler* eine berüchtigte Berühmtheit, und selbst die Steuerleute der Raddampfer waren zu ihrer Zeit Legenden. Mark Twain war ein solcher Steuermann, bevor er Erfolgsautor wurde, und kannte sämtliche Windungen, Mäander und Sandbänke des rund 3 700 Kilometer langen Stroms. Seine Bezahlung war gut, nach heutigem Geldwert 200 000 Dollar, und nicht viel weniger wert war der Erfahrungsschatz, den die Arbeit ihm einbrachte. Hier seine Beschreibung eines sommerlichen Sonnenaufgangs über dem Mississippi: »Zuerst das beredte Schweigen, denn über allem lastet tiefe Stille. Dann das immer wiederkehrende Gefühl des Alleinseins, fern von den Sorgen und Wirren der Welt. Verstohlen kriecht die Dämmerung heran, die dichten Wände schwarzen Waldes grau aufgehellt, und der Fluss öffnet und enthüllt sich auf weite Strecken, das Wasser ist spiegelglatt, und kleine weiße Gespensternebel steigen auf, kein Windhauch, kein Blatt regt sich, tiefe Stille, die unendlich wohl tut. Dann zwitschert ein Vogel, noch einer, und bald fügt sich all das Gezwitscher zu einem aufbrausenden Jubelchor. (...) Und der ganze Fluss ist wie ein Spiegel, mit dem Widerschein der Laubdächer, der schweifenden Ufer und der zurückweichenden Landzungen. Ja, das ist alles schön, mild, reich und schön, und wenn die Sonne dann richtig heraufkommt, hier einen rosa Hauch ausstreut, dort Staub von Gold und einen Purpurnebel, wo er den besten Effekt erzielt, dann meinst du, du hättest etwas gesehen, woran du dich immer erinnern wirst.«

Links: zwei Kinder im Wartesaal eines Bahnhofs, Werbung der St. Louis and San Francisco Railroad, Lithografie, um 1899.

Als wir Baltimore näher kamen, verlor das Gewässer seine weite Ausdehnung, es ward vollkommen ruhig, und wir glaubten einen Fluss hinanzuschiffen, dessen Ufer mit langen Alleen eingefasst sind; Baltimore stellte sich uns, wie am Ende eines Sees liegend, dar. Neben der Stadt erhob sich eine von Bäumen beschattete Anhöhe, an deren Fuße man einige Häuser zu bauen begann. Wir legten am Quai des Hafens an. Ich übernachtete noch am Bord und ging erst den andern Tag ans Land. Ich nahm meine Wohnung in einem Gasthause, wohin man mein Gepäck brachte. (…) Baltimore, wie alle Hauptstädte der Vereinten Staaten, hatte damals noch nicht die Ausdehnung wie heut zu Tage; es war aber eine hübsche, sehr reinliche und sehr belebte Stadt. Ich bezahlte dem Schiffskapitän meine Überfahrt, und gab ihm in einem sehr guten Speisehaus am Hafen ein Abschiedsmahl. Dann mietete ich einen Platz auf dem Postwagen, welcher dreimal wöchentlich die Reise nach Philadelphia macht. Früh um vier Uhr bestieg ich den Wagen, und siehe da! nun fuhr ich dahin auf den großen Straßen der neuen Welt, wo ich Niemanden und Niemand mich kannte; meine Reisegefährten hatten mich nie gesehen, und ich sollte auch sie nach unsrer Ankunft in der Hauptstadt Pennsylvaniens niemals wiedersehen.

Chateaubriand, 1791

Oben: Der Lexington Market in Baltimore bietet seit 1782 frische Lebensmittel zum Verkauf. H. L. Mencken, der einflussreiche Journalist und »Barde von Baltimore«, schrieb 1926: »Ich bin glücklich, dass ich früh genug geboren wurde, um mich heute der Tage zu erinnern, als die Stadt ihre alte Aura hatte und es wert war, hier zu leben.« Das Viertel um den Markt verkörpert das Baltimore, welches Mencken »die torkelnde mittelalterliche Stadt« nannte.
Links unten: Eine Werbebroschüre für Luxushotels würdigt das 1903 eröffnete, heute legendäre Belvedere in Baltimore. Am Morgen nach der Eröffnung war in der *Baltimore Sun* zu lesen: »Die Drehtüren zur Chase Street standen keinen Augenblick still … Alle Debütantinnen der Saison waren gekommen.«
Rechte Seite: das beliebte St. Clair Hotel – hier auf einem Foto aus den 1870er-Jahren. Die Architektur ist dem Palazzo Ca' d'Oro in Venedig nachempfunden. 1873 und 1874 fanden dort die Versammlungen der National Baseball Association statt. William Makepeace Thackeray stieg 1856 in dem Hotel ab, als es Gilmore House hieß. In den folgenden Jahren wurde es in Guy's Monument House umbenannt, und in den Jahren 1881 bis 1895 trug es den Namen »Imperial Hotel«.

TRIUMPHANT SUCCESS
MINSTRELS
REBECCA JANE

Wir kommen in den riesigen Wald, der fast das ganze Gebiet von West Virginia bedeckt. Innerhalb eines Tages durchquert man die Alleghenies oder Weißen Berge, das letzte Gebirge, das uns von der Atlantikseite trennt. Die immer noch hübsche Landschaft wird bisweilen grandios; der steile Weg geht über schmale Simse, die über Abgründen aufragen; er umrundet rasch die Gebirgshänge, verläuft in unzähligen Windungen stets unter freiem Himmel und führt in die dunklen Tiefen des ewigen Waldes, den der Herbst bereits mit seinen bunten Farben bekleidet hat.

Edmond Cotteau, 1877

HARPER'S FERRY

WHITE SULPHUR SPRINGS

Oben: Harper's Ferry, West Virginia, Photochrom 1899. Thomas Jefferson besuchte die Gegend 1783 und nannte sie »eine der vielleicht erstaunlichsten Naturszenerien«. Die Stadt liegt am Zusammenfluss von Potomac und Shenandoah. In Harper's Ferry überfiel 1859 der Abolitionist John Brown das Arsenal der US-Armee, wurde jedoch von einer Einheit unter dem Kommando von Colonel Robert E. Lee mit seinem Adjutanten J. E. B. Stuart überwältigt. Der Vorfall löste den Bürgerkrieg aus; Lee sowie Stuart wurden berühmte Offiziere der Konföderation. Während des Bürgerkriegs wechselte Harper's Ferry 13-mal die Oberhoheit.
Rechte Seite: Werbung für das Greenbrier Hotel in White Sulphur Springs, West Virginia, aus dem Magazin *Country Life*, September 1931. Das Hotel wurde 1778 für die Kurgäste des Thermalbads White Sulphur Springs gebaut. Schon früh war es Treffpunkt der Reichen und Mächtigen. In den späten 1950er-Jahren wurde Greenbrier zum Notquartier für die Regierung im Falle eines Atomkriegs bestimmt.
Links: der Wintergarten im Greenbrier, um 1910.

CITY OF ERIE
CLEVELAND & BUFFALO
C&B LINE
CITY OF ERIE

CITY OF ERIE

The
EDISON
KINETOSCOPE
PHONOGRAPH

alb später überrascht, zu hören, dass
r ich nur eine Merkwürdigkeit ent-
osität anmutet. Die Fordfabrik keine
›komotiven), einer Flotte von großen
Eigene Kurzwellenstation, die zum
eht.

Stefan Zweig, 1939

Seiten 94/95: Der Seitenraddampfer *City of Erie* gewann im Sommer 1901 die legendäre Wettfahrt über 100 Meilen mit nur 45 Sekunden Vorsprung vor der *Tashmoo* der White Star Line. Die Passagiere mussten in ihren Kabinen ausharren, damit sie an Deck keinen Windwiderstand erzeugten.
Oben: Postkartenmotiv vom täglichen Schiffsverkehr in Detroit, um 1900. Im Vordergrund die *Tashmoo*, die sich mit der *City of Erie* jene Wettfahrt lieferte.
Oben links: die Woodward Avenue in Detroit im Jahr 1925. Auf der Reklametafel rechts steht: »Jede Frau kann es sich jetzt leisten, Seide zu tragen. Unterwäsche, Handschuhe und Strumpfwaren.«
Links unten: das Book-Cadillac-Hotel um 1930, das absolute Luxushotel in Detroit. 1923 für 14 Millionen Dollar umgebaut, erlebte es bis zur Weltwirtschaftskrise eine kurze Glanzzeit und wurde, nach wechselvoller Geschichte, 2008 neu eröffnet.
Linke Seite: die 1888 erbauten Arcade in Cleveland, Photochrom von 1901. Die beiden neunstöckigen Geschäftsgebäude sind auf halber Höhe mittels einer beeindruckenden lichtdurchlässigen Eisen-Glas-Konstruktion miteinander verbunden.
Seiten 98/99: Blick auf die Skyline von Detroit am Eriesee, 1929 vom kanadischen Ufer aus aufgenommen.
Als Faksimile: der Wintergarten des Hotel Book Cadillac, 1930.

WEAR LIKE A PIG'S NOSE
VULCANIZING

DAZU ERSCHEINT SONST IMMER ZU UNSERER LINKEN (...) DER GRÖSSTE AMERIKANISCHE SEE, der Lake Superior von cincr Ausdehnung, für die ich keinen adäquaten Vergleich finde. Ich bin uberzeugt, dass der Genfer- u. Bodensee und mancher Schweizer See dazu in diesem bequem Quadrille tanzen können. Mächtige Inseln unterbrechen seine Wasserfläche – alle belaubt –, stille Zufluchtsorte für die große Tierwelt, die (...) heute von waidlustigen Engländern, die man vielfach in kühnen Sportanzügen auf den Stationen sieht, unerbittlich Tag und Nacht, wahrscheinlich bis zur Vernichtung verfolgt wird.

Louis Lewin, 1887

13899 OFF FOR THE UPPER LAKES.

Oben: Die *Sphynx* zwischen den Apostle Islands im Oberen See in Wisconsin. Die Inseln waren früher besiedelt und sind heute ein Naturschutzgebiet. Viele Schiffe erlitten bei Stürmen an diesen Felsküsten Schiffbruch.
Links: Chippewa-Indianer beim Fischen in den St.-Mary-Stromschnellen bei Sault Ste. Marie am Oberen See, 1901. In der Ferne ist die 1888 erbaute International Railroad Bridge zu erkennen.
Linke Seite, oben: Der Dampfer *Joseph L. Colby* verlässt die Poe-Schleuse, eine der Schleusen von Sault Ste. Marie, Michigan, allgemein »Soo-Locks« genannt (1891). Diesen sogenannten *whaleback steamer* erfand Captain Alexander McDougall in den 1880er-Jahren, denn es fehlte an einem geschlossenen Stahlschiff, um Erz und Getreide trocken durch die heftigen Winterstürme auf den Großen Seen zu transportieren. McDougall befuhr mit einem dieser Schiffe sogar die Stromschnellen des St.-Lorenz-Stroms und segelte bis nach Liverpool.
Linke Seite, unten: Aufbruch zu den Oberen Seen – Postkartenmotiv um die Jahrhundertwende.

UNION CREW
DAILY EXCURSIONS
TO DRAINAGE CANAL
LEAVES CLARK ST. BRIDGE 10 A.M.
I.M. WESTON

CHICAGO DOCK CO
RAGE

POWERS'
SHERMAN HOUSE
ERS' THEATRE
LA SALLE

Wie soll man diesen Michiganboulevard richtig beschreiben? Eine Pracht- und Galastraße, wie die Champs-Élysées (nur halt mit Wolkenkratzern!). Aber halbfertig! Das muss man sich vorstellen können: dem See gegenüber eine gewaltige Front von monumentalen und wunderschönen Gebäuden. Aber das Ufer am See: bauplatzartig, voll von Gerümpel, keine Anlage und kein Park. Die repräsentativste Straße Chicagos ist erst im Entstehen – nun begreift man, wie phantastisch jung diese Stadt ist. Prachtgebäude – und daneben die Öde. Ein neues Stadion von gigantischen Ausmaßen, ein neues Museum, obwohl das ältere auch sehr stattlich war. (Es enthält einige herrliche El Grecos, einige herrliche Cezannes, Renoirs, Gauguins, Manets – sehr, sehr viel scheußliche »moderne« Amerikaner.) Sie haben einen Baufanatismus in dieser Stadt. Die Aktivität ihrer Menschen verlangt es, dass die Häuser aus der Erde schießen, ganz gleich, was mit den Häusern dann passiert.

Erika und Klaus Mann, 1928

Oben rechts: Zoobesucher beobachten im Lincoln Park von Chicago einen Schwarzbären beim Klettern, um 1900.
Oben links: Das Titelblatt eines Souvenirbüchleins stellt das Seeufer Chicagos von 1831 einer 100 Jahre späteren Ansicht gegenüber.
Links: Grant Park mit Michiganboulevard und Art Institute of Chicago (rechts) auf einer Postkarte.
Linke Seite: Blick von der LaSalle Street nach Osten auf die Randolph Street, Photochrom von 1900. Links erkennt man das Powers Theater, eine der großartigen alten Bühnen Chicagos.
Seiten 102/103: kurz nach 1900: Die Zugbrücke an der 12th Street in Chicago lässt ein Dampfschiff passieren. Der Schriftzug auf dem Rumpf wirbt für »Tägliche Ausflüge zum Abwasserkanal«. Die Stadt ließ 1900 einen Kanal bauen und die Strömungsrichtung des Chicago River umkehren, denn bis dahin wurden die Abwässer in den Michigansee – das Trinkwasserreservoir der Stadt – gespült. Kürzlich wurde der Chicago Sanitary and Ship Canal zu einem Nationalen Denkmal ziviler Ingenieurskunst des Jahrtausends erklärt.
Seiten 106/107: der Strand am Lake Michigan und das Drake Hotel, das 1920 seine Pforten öffnete.

Ich gehe aufs Geratewohl durch die geraden, geräumigen Strassen der Königin des Westens. Das Wetter ist ziemlich kalt, der Wind scharf, der Himmel grau. Ich steige zum Ufer des Ohio hinunter. Das Wasser des schönen Flusses steht niedrig; kein Kai am Flussufer, zu wenige Brücken. Die Brücken hier sind die zahlreichen Dampfschiffe, die unaufhörlich von einem Ufer zum anderen fahren und mit ihrem Keuchen die sonntägliche Stille durchbrechen. Ich steige wieder in die Stadt hinauf. (...) Die Gehwege aus großen Platten hören manchmal plötzlich auf: Man fühlt eine Hauptstadt, die auf die Schnelle gebaut wurde und nicht fertig ist. (...) Es ist nicht mehr ländlich, aber es wird bald städtisch sein. Cincinnati, eine Stadt mit 116 000 Seelen, (...) wird mit stetig zunehmender Geschwindigkeit größer, denn es hat sich in zehn Jahren mehr als verdoppelt. Da es durch die Eisenbahnen mit den Seen verbunden ist, über den Ohio mit dem Mississippi, ist es der Mittelpunkt des amerikanischen Binnenhandels. Es ist die Hauptstadt dessen, was vor 20 Jahren der Wilde Westen war.

Jean-Jacques Ampère, 1851

Oben: der Ohio River bei Cincinnati mit der John-A.-Roebling-Hängebrücke im Hintergrund, 1911. Die 1866 eingeweihte Brücke ist ein Vorläufer der Brooklyn Bridge, die ebenfalls von John August Roebling entworfen und von seinem Sohn fertiggestellt wurde.
Rechts: Das Plakat wirbt für den Service im Pullmanwagen der Eisenbahngesellschaft Cincinnati Hamilton & Dayton. Es sagt viel über die Gesellschaftsordnung jener Zeit aus und stellt gleichfalls ein Stück Werbegeschichte dar, denn die unterschiedlichsten Produkte werden beworben: Der Steward bringt Peebles-Whiskey und Zigarren; auf dem Tisch steht Aurora-Export-Bier; auf dem Boden liegt ein Poster für Cook Carriage Co.; durch das Fenster sieht man eine Tresorfabrik von Mosler Safe und auf der Gepäckablage ein Paket Wing-Shot-Schießpulver. Das Plakat entstand mitten in der Wirtschaftskrise von 1893, nur Monate vor dem dramatischen Pullman-Streik 1894.
Rechte Seite: In diesem Kolonialstil-Ambiente des Alms Hotel in Cincinnati wurde man rund um die Uhr bedient. Das Hotel warb in den 1930er-Jahren mit dem Slogan »Eine Stadt in der Stadt« und beschäftigte 300 Angestellte, die sich um gut 3 000 Gäste kümmerten.

Oben. Das Hotel Seelbach in Louisville, Kentucky, war im frühen 20. Jahrhundert der Inbegriff von Luxus. In *Der große Gatsby* schildert Scott Fitzgerald die Hochzeit von Tom und Daisy Buchanan: »Im Juni heiratete sie mit einem für Louisville unerhörten Pomp und Aufwand Tom Buchanan aus Chicago. Er kam mit einem Aufgebot von 100 Verwandten und Freunden, für die im Zug vier Wagen reserviert waren, und belegte im Hotel Seelbach gleich ein ganzes Stockwerk. Am Tag vor der Hochzeit schenkte er ihr eine Perlenkette, Wert 350 000 Dollar.«

Links: das Seelbach zu seiner Glanzzeit in den goldenen Zwanzigern. Das klassizistische Gebäude wurde von 1903 bis 1905 von gebürtigen Bayern, den Brüdern Louis und Otto Seelbach, erbaut und bestach unter anderem durch seinen Ratskeller im deutschen Stil mit *Rookwood Pottery* und den verzierten ledergepolsterten Decken.
Als Vignette: ein Etikett von Pioneer Tobacco aus dem Jahr 1868. Der Tabakhandel war lange Jahre eine wesentliche Stütze der Wirtschaft Kentuckys. Der abgebildete Jäger trägt eine Mütze aus Waschbärenfell, wie sie für Daniel Boone, den Erkunder und Gründervater der ersten Siedlungen Kentuckys, charakteristisch war.
Rechts: ein früher Vergnügungspark: Die White City in Louisville wurde 1907 am Ufer des Ohio River errichtet. Hier sieht man die Achterbahn, deren Besucher mit einem lauten Platschen in das Wasserbecken befördert wurden – zu jener Zeit eine vollkommen neuartige Attraktion.

Eine gewaltige Eisen- und Steinbrücke mit drei Bögen überspannt den Fluss hier trotz seiner Größe und Breite, eines der Wunderwerke der modernen Ingenieurkunst – in der Welt ohnegleichen. Der mittlere der drei Bögen besitzt eine Spannung von 520 Fuß, und eine ganze Flotte der größten Dampfschiffe könnte in einer Reihe nebeneinander unter diesem einzigen Bogen hindurchfahren! Die St. Louiser Brücke ist auch die letzte, welche den Mississippi überspannt, denn unterhalb dieser Stadt, auf seinem 1000 Meilen langen Laufe nach New Orleans, ist der Vater der Ströme zu gewaltig, zu reißend und mächtig, um sich von schwacher Menschenhand in solche Eisenfesseln legen zu lassen.

Ernst von Hesse-Wartegg, 1880

Oben: die Eads Bridge über den Mississippi, Druck von Currier & Ives. Die 1874 fertiggestellte Eisenbahnbrücke galt damals als technisches Meisterwerk und kostete zehn Millionen Dollar. Die Fahrt über das mehr als anderthalb Kilometer lange Bauwerk war gewiss ein Höhepunkt der transkontinentalen Bahnreise.
Links: Mit der Louisiana Purchase Exposition im Jahre 1904, besser bekannt als St. Louis World's Fair, feierte man den 100. Jahrestag des Verkaufs von über zwei Millionen Quadratkilometern Land durch die Franzosen an die Jefferson-Regierung. (Der Verkauf fand allerdings bereits 1803 statt.) In Vincente Minellis Film *Heimweh nach St. Louis* mit Judy Garland wird sie als das wesentliche Ereignis im Leben einer Familie aus St. Louis geschildert.
Rechte Seite: Werbung aus den 1950er-Jahren für den neuen *Boulevard Room* im Jefferson Hotel in St. Louis. Das Hotel wurde für die World's Fair von 1904 erbaut und 1955 an die Sheraton-Kette verkauft.
Seiten 114/115: Der bekannte Fotograf Lewis Hine dokumentierte auf seinen Reisen durch Nordamerika im frühen 20. Jahrhundert die Kinderarbeit. Das Foto von 1916 zeigt Maurice Livingston, der für die Southern Express Co. arbeitete.

at The Jefferson

ST. LOUIS

In New York
The Waldorf-Astoria
The Plaza and The Roosevelt
In Washington, D. C.
The Mayflower
In St. Louis, Mo.
The Jefferson
In Fort Worth and El Paso, Texas
The Hilton Hotel
In San Bernardino, California
Arrowhead Springs
In Chihuahua, Mexico
The Palacio Hilton

In Chicago
The Conrad Hilton
and The Palmer House
In Los Angeles
The Town House
In Dayton, Ohio
The Dayton Biltmore
In Albuquerque, New Mexico
The Hilton Hotel
In San Juan, Puerto Rico
The Caribe Hilton
In Madrid, Spain
The Castellana Hilton

The traditional hospitality of the famous Jefferson, long a distinguished landmark in St. Louis, is warmly portrayed in the friendly atmosphere of the newly created Boulevard Room. Its colorful decor captures the charm of other renowned rooms in the famed group of Hilton Hotels in leading cities across the nation.

Hilton Hotels

Conrad N. Hilton, President

EXECUTIVE OFFICES • THE CONRAD HILTON • CHICAGO 5, ILLINOIS

MOUNTAIN GROV

Kein Echo erschallte je in diesen dumpfen, in ewigem Schlafe versunkenen Weiten; die Pfeife der Lokomotive gibt nur einen matten Laut von sich, der verflogen ist, sobald er in die Luft geworfen wird, und der wütende Lärm des Zugs rollt über einen stummen Boden, der ihn ohne jede Reaktion aufnimmt. (...) Oh, die langen Stunden, die langen Tage und die langen, endlosen Abende, die ich auf der Plattform der *cars* verbracht habe, unfähig, meinen Geist mit irgendetwas zu beschäftigen, unfähig einzuschlummern, allein, allein, immer und immer allein! Wenn ich mein Bett aufsuchte, konnte ich keine 20 Minuten darin bleiben, ich stand wieder auf und kehrte auf die Plattform zurück, gleichgültig gegen den Staub, den Rauch der Lokomotive, bald sogar gleichgültig gegen Müdigkeit und Langeweile. Was lag mir daran! (...) Ah! ich werde sie nie vergessen, diese schauerlichen Stunden; sie sind in meinem Gedächtnis (...). Ich zählte jeden Schlag meines Herzens, und dies eine ganze Woche lang, das Leiden misst sich nicht an der Dauer, sondern an der Stärke – eine Woche wie diese ist ein Höllenjahrhundert.

Arthur Buies, 1874

Oben: das Arlington Hotel um 1900. Es verfügt über 500 Zimmer und liegt im Kurort Hot Springs, Arkansas. In den 1930er-Jahren nahm Al Capone gern dort Quartier. Die Bathhouse Row sowie die Oaklawn-Pferderennbahn sind Touristenattraktionen in Hot Springs.
Rechts: In Hot Springs gab es auch eine Straußenfarm mit über 200 Tieren, und man konnte in einem von Straußen gezogenen Wagen fahren. Der Besitzer ließ seine Strauße regelmäßig in Wettrennen gegen Pferde antreten.
Linke Seite: Die Little River Gorge ist eine steile Schlucht im heutigen Great-Smoky-Mountain-Nationalpark. 1909 erwarb die Little River Lumber Company eine neue Baldwin-Lokomotive 2-4-4-2 Mallet mit der Nummer 148. An Werktagen zog sie Waggons mit Holz die Steigung hinauf und am Wochenende schwere Personenwaggons zu Ausflügen durch die schöne Berglandschaft.

Auf der Strasse war es um drei Uhr heiss und um vier Uhr noch heisser. Der Aprildunst schien die Sonne einzuspinnen und wieder freizugeben wie einen weltalten Streich, der immerzu an einer Ewigkeit von Nachmittagen gespielt wurde. Doch um halb fünf Uhr senkte sich eine erste Welle der Ruhe herab und die Schatten unter den Markisen und dicht belaubten Bäumen wurden länger. In dieser Hitze war nichts wichtig. Das ganze Leben war Wetter, ein Warten durch die Hitze hindurch, in der Ereignisse keine Bedeutung hatten, auf die Kühle, die sanft und kosend war wie eine Frauenhand auf einer müden Stirn.

F. Scott Fitzgerald, um 1925

Ganz oben: eine Panoramafotografie von Hot Springs, Arkansas, mit dem Eastman Hotel rechts. Im März 1912 berichtete die *New York Times*, dass Hot Springs »die großartigste Saison seiner Geschichte erlebte« und der Sohn des Eisenbahnmagnaten, Frank Jay Gould, vor dem Aufbruch zu einer »ausgedehnten Südstaatenreise im privaten Waggon seines Vaters«, zehn Tage im Eastman Hotel abstieg.
Oben: die Markham Street in Arkansas' Hauptstadt Little Rock.
Rechte Seite: Vintage-Postkarten mit Motiven aus Hot Springs.

Seiten 120/121: Dieser Druck von 1895 stellt den Handel am Mississippi dar, dessen Verlauf die Karte links oben nachzeichnet. Das erste Dampfschiff befuhr den Fluss seit 1812, und die größte je mit dem Dampfschiff transportierte Ladung Baumwolle erreichte New Orleans im Jahr 1930 (acht Lastschiffe mit 30 000 Ballen). Die Baumwolle ist zentrales Motiv des Drucks: Unten in der Mitte sind Samenkapseln abgebildet, auf dem Schiff stapeln sich Ballen, und im Hintergrund sieht man eine Plantage. Auch ein Floß treibt auf dem Fluss: 1895 erreichte das größte Holzfloß überhaupt mit 600 Eisenbahnladungen Kiefernholz St. Louis. Unten links ist auch noch eine Dampforgel zu sehen.

HOT SPRINGS
National Park
ARKANSAS
OAKLAWN RACE TRACK
HOT SPRINGS
NATIONAL PARK
Arkansas

COPYRIGHT 1885.
SHOULD OWLD ACQUAINTANCE
COMPLIMEN
MINN
WIS.
IOWA
ILLINOIS
IND.
OHIO.
PENN.
W.VA.
KY.
TENN.
MO
KAN
ARK
IND. TERR.
TEXAS
MISS.
ALA.
GA
LA.
ST. PAUL
FT. SNELLING
HASTINGS
RED WING
WABASHA
MANKATO
WINONA
LA CROSSE
MADISON
DUBUQUE
CLINTON
DAVENPORT
ROCK ISLAND
DESMOINES
MUSCATINE
OTTUMWA
BURLINGTON
KEOKUK
PEORIA
PEKIN
QUINCY
HANNIBAL
LOUISIANA
ST. JOSEPH
KANSAS CITY
JEFFERSON CITY
ST. LOUIS
EAST ST. LOUIS
ALTON
SPRINGFIELD
DECATUR
INDIANAPOLIS
TERREHAUTE
LAFAYETTE
CINCINNATI
DAYTON
COLUMBUS
SPRINGFIELD
PITTSBURGH
STEUBENVILLE
WHEELING
ZANESVILLE
MARIETTA
CHARLESTON
LOUISVILLE
NEW ALBANY
EVANSVILLE
HENDERSON
OWENSBORO
FRANKFORT
PADUCAH
CAIRO
COLUMBUS
HICKMAN
NASHVILLE
CLARKSVILLE
KNOXVILLE
CHATTANOOGA
MEMPHIS
HELENA
LITTLE ROCK
PINE BLUFF
FT. SMITH
NEW MADRID
CAPE GIRARDEAU
STE GENEVIEVE
GREENVILLE
VICKSBURG
JACKSON
NATCHEZ
BAYOU SARA
BATON ROUGE
NEW ORLEANS
MORGAN CITY
MISS RIVER
MERIDIAN
MONTGOMERY
SELMA
BIRMINGHAM
ATLANTA
ROME
TOPEKA
JEFFERSON
MARSHALL
OHIO RIVER
MISSISSIPPI
EXECUTED BY THE HELIOTYPE PRINTING CO. BOSTON, MASS. U.S.A.

…ssissippi River Steamboat

Ich steige aus in die einladende Sonne, ich fühle, dass ich bei diesem Willkommensgruß lächle, und schnaube in der Hitze. Meine Winterkleidung lastet auf mir, was soll ich mit meinem Pelz, was mit meinen *snow-boots*! All diese Überreste des Exils im Norden schockieren mich wie seltsame Auswüchse und sind mir lästig. Gleich am Ausgang des Bahnhofs finde ich mich ganz vom Leben des Südens umgeben: Im hinteren Teil des elektrischen Waggons hat man zwei kleine Abteile mit vier Plätzen eingerichtet, die vom übrigen Raum durch ein Gitternetz getrennt sind, auf dem steht: *Coloured patrons only* – »nur für schwarze Fahrgäste«. Ich bin schockiert von diesem so grob verachtenden und so despotischen Zeichen der Herrschaft des Weißen. Schockiert und auch erstaunt. Denn bis jetzt ist es das einzige auffällige Zeichen für die Nichtgleichheit der Bürger im »freien Amerika«. (...) Die Straßenbahn setzt mich am Hotel Saint-Charles ab, in dem fieberhafter Betrieb herrscht. Es ist belegt, die Stadt ist voll, man ist aus allen Ecken und Enden Amerikas gekommen, um an den Karnevalsfeiern teilzunehmen. (...) In den Straßen und Avenuen wogt eine lärmende, fröhliche, überhaupt nicht rohe Menschenmenge, die laut spricht oder lacht; die Straßenbahnglocken mischen ihr Geläut unter den Lärm der Gespräche; es ist eine Menschenmenge wie am Mittelmeer, es ist Marseille! Auf Schritt und Tritt höre ich Französisch sprechen.

Jules Huret, 1904

Links: das Hotel Roosevelt in New Orleans – das heutige Fairmont – in den 1940er-Jahren. Bei seiner Eröffnung 1893 trug es den Namen Grunewald.
Unten links: »The Cave« im Keller des Hotels Grunewald wird als Amerikas erster Nachtklub angesehen: Er lockte mit Wasserfällen, Stalaktiten und Revuegirls, die zu Dixieland-Jazz tanzten. Gründer des Hotels war der deutsche Immigrant Louis Grunewald. Das »Höhlendekor« ist daher vielleicht als Variante der deutschen Ratskeller zu interpretieren.
Rechte Seite: Eine Speisekarte aus dem Hotel St. Charles vom 3. Januar 1857. Für Lady Mary Wortley Montague war es »das schönste Bauwerk«, das sie in der Neuen Welt gesehen hatte.
Seiten 124/125: das French Quarter in New Orleans, 1870er-Jahre. »Die Häuser«, notierte Mark Twain, »sind mit Stuckfassaden versehen, und fast alle haben lange, um die verschiedenen Stockwerke herumgehende Balkons mit Eisengittern.«

ST. CHARLES.

TABLE D'HOTE.

New Orleans, Saturday, Jan. 3, 1857.

Gentlemen's Ordinary.

SOUPS.

Oyster gombo	Macaroni

FISH

Baked Redfish, port wine sauce

BOILED.

Corned Beef and Cabbage	Leg of Mutton, with capers	Bacon and greens
Fulton Market beef	Chicken and pork	

Cold roast beef	Cold Fulton Market Corned Beef	Cold beef tongues

Crabs stuffed and baked
Bread of fat livers with jelly
Stewed mutton with onions and potatoes
Fried oysters
Chicken pot-pie family style
Round of beef, à la mode

ENTREES.

Canards aux olives
Poitrine de mouton glacé, aux épinards
Ailerons de dindon, au celeri
Ris de veau, à la Valencienne
Fricandeau sauce tomate
Foie de volaille sauté, aux champignons
Macaroni au gratin
Blanquette de veau, aux navets

VEGETABLES

Potatoes boiled, fried baked, and mashed | Sweet potatoes baked

New potatoes	Rice	Beets	Hominy	Spinage
Turnips	Lettuce	Onions	Carrots	

ROAST.

Beef	Saddle of mutton	Chicken	Turkey
Pork	Veal		

SECOND COURSE.

Mallard ducks

PASTRY

Bread and butter pudding	Currant tarts
Orange pies	Genoises
Gooseberry pies	Swiss meringues

DESSERT.

Pecans	Almonds		Prunes
Bananas	Apples	Raisins	Oranges

Picayune Print, 66 Camp street.

HALL & HILDRETH

RSON ROUTE.
THE STAN ARD
TRUNK L BETWEEN
THE SOU & NORTH
CARS TO
ST LOUIS
CINCINNATI
CHANGE
LYNCHBURG

Oben: die Royal Street in New Orleans, eine der ältesten Straßen der Stadt im alten French Quarter, Photochrom um 1900. Ursprünglich waren New Orleans und das Louisiana Purchase (erstreckt sich nördlich entlang des Mississippi über ein Gebiet, das dem Zentrum der heutigen USA entspricht) französisches Territorium.
Links: Die Lithografie des Banjospielers ließ kein Klischee aus, wie das einfältige Grinsen des Spielers und der hinter dem Stuhl verborgene Whiskey zeigen.
Rechts: eine weitere abwertende Darstellung von »Negern im Baumwollschuppen« (Photochrom von 1905). Bezeichnenderweise ist der einzige Weiße in der Gruppe ein zerlumpter kleiner Junge.

Rechte Seite: French Market in New Orleans, Photochrom von 1905. Der French Market entstand um 1790 und gehört zu den ältesten Teilen der Stadt. Bis zur Hurrikankatastrophe im August 2005 war er eine beliebte Touristenattraktion.

Seiten 128/129: am Kai vertäute Austern-Smacks der Küstenfischer, Photochrom um 1900.
Als Faksimile (Seiten 128/129): Heft für Touristen mit versandfertigen Ansichtskarten, 1919.

Manche Städte bergen, wie Päckchen unter dem Weihnachtsbaum, unvermutete Geschenke, geheime Freuden. (...) Von all diesen geheimnisvollen Städten jedoch ist New Orleans, wie mir scheint, die geheimnisvollste, die, deren Wirklichkeit am weitesten von dem entfernt ist, was man die Fremden sehen lässt. Das Vorherrschen der hohen Mauern, des schützenden Laubwerks, der großen, festen, verschlossenen Eisentore, der hinter Läden verborgenen Fenster, der dunklen Tunnels, die in überwucherte Gärten führen, wo Mimosen und Kamelien kontrastierende Farbinseln bilden und träge Eidechsen, die gespaltenen Zungen vorschnellend, über Palmwedel huschen – all das ist kein zufälliges Dekor, sondern bewusste Architektur, die dazu bestimmt ist, das Leben jener, die in diese schützenden Gebäude hineingeboren wurden, zu tarnen, zu maskieren wie auf einem Mardi-Gras-Ball: Zwei Cousinen, die zusammen dank der verzweigten, ineinander verwobenen Familienbeziehungen 100 andere Cousinen haben und miteinander flüsternd unter einem Feigenbaum neben dem Springbrunnen sitzen, der ihren verborgenen Garten kühlt. Die Klänge eines Klaviers. Ich kann nicht ausmachen, woher sie kommen. Kräftige Finger spielen eine schwungvolle, mitreißende Melodie: »I want, I want ...« Da singt ein Schwarzer; er ist gut ... »I want, I want a mama, a big fat mama, I want a big fat mama with the meat shakin' on her, yeah!«

Truman Capote, 1980

Romantic City Park.
Made by Curt Teich & Co., Chicago, Ill.

OAK AT HOTEL DE MONTROSS BILOXI MISS

In Biloxi, Mississippi, findet man eine Reihe von immergrünen Eichen, die vor einem Jahrhundert von einem Griechen gepflanzt wurden und die von solch hinreißender Schönheit und Großartigkeit sind, dass es einem den Atem verschlägt. Von den Stufen des Black Mountain College in Nord-Carolina hat man einen Blick auf die Berge und Wälder, der einen von Asien träumen lässt. In Louisiana gibt es sumpfige Stromstrecken von einer Schönheit, wie sie nur chinesische Dichter eingefangen haben. (...) Es gibt Tausende von Traumorten in dem alten Süden. Ob man nun auf einer Bank mit einem winzigen, der Konföderation gewidmeten Park sitzt oder ob man sich auf der Böschung eines Uferdamms niederlässt, oder auf einem Fels mit Blick auf eine Indianersiedlung steht, die Luft ist weich, unbewegt, voller Duft, die Welt scheinbar in Schlaf versunken, aber die Atmosphäre knistert vor magischen Namen, epochemachenden Ereignissen, Erfindungen, Forschungen, Entdeckungen. Reis, Tabak, Baumwolle – aus diesen drei Elementen allein schuf der Süden das große symphonische Spiel menschlicher Aktivität.

Henry Miller, 1945

Linke Seite: eine alte Eiche beim Hotel Shady Oaks, Photochrom um 1900. Später wurde das Hotel zum Montross und schließlich zum Riviera. Biloxi war populär, denn es lebte sich dort gesünder als im sumpfigen Inland.
Oben rechts: der Leuchtturm von Biloxi am Golf von Mexiko, Photochrom von 1901. Er wurde 1848 erbaut und überstand 2005 sogar den Hurrikan Katrina, der Biloxi weitgehend verwüstete.
Rechts: Postkarte des *carfloat* (Eisenbahnfloß) *El Grande* der Southern Pacific. Es überquert gerade den Mississippi bei Avondale, Louisiana, 16 Kilometer oberhalb von New Orleans. Ein weiteres Floß namens *Mastodon* war ebenfalls in Avondale in Betrieb *(oben links)*. Es wurde 1909 als damals größtes Floß weltweit gebaut und konnte fast 30 Güterwaggons transportieren.

Die Wege nach Westen

Von Chicago nach San Francisco

KANADA
Pazifischer Ozean
Oberer See
Michigan-See
Mexiko
Pazifischer Ozean
Oregon
Idaho
Montana
North Dakota
Minnesota
South Dakota
Wisconsin
Wyoming
Nevada
Utah
Colorado
Nebraska
Iowa
Illinois
Kansas
Kalifornien
Arizona
New Mexico
Glacier-Nationalpark
Yellowstone-Nationalpark
Cody
Shoshone Falls
Mount Rushmore
Saint Paul
Minneapolis
Reno
Sacramento
San Francisco
Salt Lake City
Cheyenne
Omaha
Chicago
Boulder
Denver
Aspen
Mount of the Holy Cross
Pikes Peak
Colorado Springs
Ouray
Royal Gorge
Mesa Verde
Zion-Nationalpark
Bryce-Canyon-Nationalpark
Colorado
Grand-Canyon-Nationalpark
Chelly-Canyon
Petrified Forest
Sante Fe
Albuquerque
Phoenix

Im Jahr 1903 gibt es keine Tankstellen in den Vereinigten Staaten. Im ganzen Land existieren insgesamt kaum 160 Kilometer asphaltierter Straße – und dies lediglich in den Städten.

In jenen abenteuerlichen Jahren wettet ein Arzt aus Vermont mit dem fast schon unwahrscheinlichen heroischen Namen Horatio Nelson Jackson 50 Dollar darauf, dass er von San Francisco nach New York in nur drei Monaten fahren könne. Mit einem fast neuen Winton-Tourenwagen legt Jackson die Strecke in 64 Tagen zurück. Unterwegs stößt er auf allerlei Zeugen vergangener Zeiten, darunter Pioniere, die mit Planwagen westwärts fahren, und Cowboys mit Lassos, die so freundlich sind, sein Auto aus dem Flugsand zu ziehen. Es ist die erste Durchquerung Nordamerikas mit einem Automobil. Im Osten des Landes ist die Eisenbahn das Hauptverkehrsmittel. Dennoch beginnt man erstaunlich bald, kreuz und quer im Auto über Land zu fahren – ja, das Automobil erobert sich im Leben der Amerikaner fast unmittelbar nach seiner Einführung einen Platz als Fortbewegungsmittel bei Langstreckenreisen. In der Stadt wird es erst später genutzt, denn überall fahren Straßenbahnen, und oftmals sind die Straßen zu eng, um dort zu parken.

Die Leidenschaft für spektakuläre Szenerien und ausgedehnte Auto- oder Eisenbahnreisen hat ihren Ursprung in der Begeisterung der Romantiker für dramatische Kontraste. In vorromantischer Zeit galten Berge und Canyons als Übel, wie Virginia Woolfs Vater, Leslie Stephen, 1871 aufzeigte. Er zitiert ein Reisehandbuch von 1713, das in seiner Privatbibliothek stand. Dessen Verfasser war der Auffassung, dass Gott bei der Schaffung der Berge nicht vollkommen falsch gelegen haben könne. Berge seien »von Nutzen, denn sie leiten Flüsse hinunter zum Meer« und ein »vortreffliches Revier für Pelz liefernde Tiere«. Die Menschen im vorhergehenden Jahrhundert, meint Stephen, »hassten die Berge, wie ein Seekranker den Ozean hasst, auch wenn in ihm vielleicht schwach der Gedanke aufflackert, dass es ein guter Ort für Fisch ist«. Als der Great West der Vereinigten Staaten für den Tourismus entdeckt wurde, sickerten die romantischen Idealvorstellungen von Erhabenheit und Natur langsam bis zu einer breiten Öffentlichkeit durch. Und so machte sich ein Volk auf gen Westen. Erst wurde die Neugier durch die Ölgemälde des herrlichen Westens von Albert Bierstadt und anderen Malern der Hudson-River-Schule geweckt, mit der Zeit auch durch die sich wach-

Rechts: Werbeplakat des US-Innenministeriums für den Grand-Canyon-Nationalpark, 1938.
Unten: Navajo-Indianer in der Wüste von Arizona, 1915.
Seiten 132/133: Bright Angel Canyon, Photochrom nach einem Foto von William Henry Jackson, um 1900.

Oben: die Devil's Gate High Bridge der Georgetown Loop Railroad, Clear Creek Canyon (Colorado), um 1900.

Rechts: ein »cowboy«, Illustration aus *l'Amérique moderne*, 1911.

Oben: Casa del Desierto, ein neues Hotel der Hotelkette Harvey's in Barstow, Kalifornien, um 1911. *Links:* eine Conoco-Tankstelle, 1920er-Jahre.

sender Beliebtheit erfreuenden Fotografien, die dank technischer Weiterentwicklungen immer einfacher erhältlich waren. Eine treibende Kraft für den Siegeszug des Fotos war die Postkarte – ein Vorläufer dessen, was Werbefachleute heutzutage als »Virales Marketing« für den Westen Amerikas bezeichnen würden.

Die Menschen reisten formell gekleidet. Beim Betrachten alter Fotografien, die Frauen und Mädchen mit bodenlangen Röcken und eleganten Hüten sowie Männer und Jungen mit Anzug, Krawatte und Zylinder oder Melone inmitten einer Wüstenlandschaft zeigen, fragen wir uns daher verblüfft, ob ihnen eigentlich bewusst war, wo sie sich befanden. Heute kommen wir zwar in den Genuss leichter, funktioneller Wanderausrüstung, doch es ist gut möglich, dass die Menschen damals mit einem unverbrauchteren Blick und größerer Begeisterungsfähigkeit die atemberaubenden Landschaften betrachteten als wir.

Um eines können wir unsere Vorfahren mit Sicherheit beneiden: um die Hotels. Eines der in Vergessenheit geratenen Genies, denen jene Hotels im Westen zu verdanken waren, war Fred Harvey. Er begründete eine Kette von 50 Harvey-House-Restaurants sowie 15 herrlichen Hotels in Amerikas Südwesten und betrieb 30 Speisewagen für die Santa Fe Railway. Die letzten Worte vor seinem Tod galten seinen Söhnen, die das Imperium erbten: »Schneidet den Schinken nicht zu dünn, Jungs.« Zum Schluss zählte das Unternehmen fast 100 Hotels.

In den damaligen Zeiten pflegte man bei der Bedienung der Gäste einen zuvorkommenden, aber effizienten Stil. So hatte man für die Harvey-Restaurants ein Signalsystem entwickelt, das es dem Personal ermöglichte, eine ganze Eisenbahnladung von Passagieren innerhalb von 30 Minuten mit einer Mahlzeit zu versorgen – feinstes Porzellan und elegante irische Tischwäsche waren selbstverständlich.

Die Harvey Hotels waren prachtvolle Gebäude und vielerorts zu finden, in Kansas ebenso wie in New Mexiko, Arizona oder Kalifornien. 1883 ersetzte Fred Harvey seine ungehobelte männliche Belegschaft durch unverheiratete, gebildete Kellnerinnen mit guten Manieren. Die Mädchen arbeiteten unter strenger Aufsicht, taten ihren Dienst in gestärkten schwarz-weißen Uniformen und hatten eine frühe Nachtruhe zu respektieren. Es heißt, die Harvey-Mädchen hätten dazu beigetragen, den amerikanischen Südwesten zu zivilisieren. Diese Legende fand mit dem MGM-Musical *The Harvey Girls* 1946 ihren Weg in die Filmstudios: Judy Garland spielte die Hauptrolle, und der Song *On the Atchison, Topeka and the Santa Fe* von Johnny Mercer und Harry Warren wurde mit dem Film zum Klassiker.

Die Harvey Houses waren zunächst als Hotels für Bahnreisende konzipiert. Später stiegen entlang den bedeutenden transkontinentalen Highways 6, 50 (der Lincoln Highway) und 66 auch die Automobilisten in Harveys Hotels ab.

Die Fahrt über Land sprach alle Sinne an. Der Journalist und Schriftsteller Roger Angell erinnert sich mit 83 Jahren in dem Artikel *Romance*, der 2003 im *New Yorker* veröffentlicht wurde, an die Freuden der Automobilreisen im frühen 20. Jahrhundert. Der Untertitel lautet: »Autoreisen führten einen in den 1930er-Jahren an manch unerwarteten Ort.« Lebendig erzählt er von jenen Fahrten: »Das Reisen mit dem Auto war rumpeliger und kurviger damals. Es gab mehr Ampeln und Reklametafeln, mehr Kühe und an den Hängen mehr Friedhöfe, dafür aber keine Klimaanlagen und fast keine Interstates und Blechkanister. Soda-Reklamen und die Verse der roten *Burma-Shave*-Plakate stritten um den Platz entlang der schmalen Straßen.« Angell schildert ebenfalls die »Tankstellen mit den altertümlichen Pumpen, die man von Hand mit einer Kurbel bediente wie eine Eismaschine. Das Sunoco oder Gulf (Benzin) schwappte erst nach oben in einen gläsernen 45-Liter-Behälter, und dieser leerte sich dann in den Tank.« Und schließlich die Gerüche, die eine Fahrt in jenen Tagen prägten, als nur das Herunterkurbeln der Scheibe für kühle Luft sorgte: »Der heiße, schale Geruch von hoch stehendem Mais; der penetrante

Gestank eines Stinktiers – kaum nimmt man ihn wahr, ist man auch schon daran vorbeigefahren; der Geruch von Teer, sobald ein Schotterabschnitt endet – mit der tiefer stehenden Sonne wird er schwächer. Und über einem Tümpel oder Bach, wo das Geräusch der Reifen tiefer klingt, riecht es satt und feucht, nach Kuhfladen und totem Fisch, gemischt mit Seegras.«

Viele der Highways verliefen parallel zu den transkontinentalen Eisenbahntrassen. Um 1900 konnten sich die Vereinigten Staaten einer ganzen Reihe luxuriöser Personenzüge rühmen. Allen voran der *Twentieth Century Limited*, der seit 1902 zwischen Chicago und New York verkehrte und zum Inbegriff von Luxusbahnreisen wurde. Von 1932 an stand der Name *Twentieth Century* auch für das neu gegründete Filmstudio sowie ein Broadway-Stück (im Deutschen *Napoleon vom Broadway*) von Ben Hecht und Charles MacArthur. 1934 wurde es mit Carole Lombard und John Barrymore unter demselben Titel erfolgreich verfilmt.

Andere berühmte Eisenbahnen durchquerten das Land, darunter der *Super Chief* (»Train of the Stars«), der *City of Los Angeles* und der *Golden State* – alle drei verkehrten auf der Strecke zwischen Los Angeles und Chicago und galten im Westen als Bastionen des Luxus. Lange Reisen mit dem Automobil waren Sache der Mittelschicht und der Ziellosen.

Doch insbesondere eine Sehenswürdigkeit am Straßenrand entschädigt für den fehlenden Luxus: der Corn Palace in Mitchell, South Dakota. Er wurde erstmals 1892 erbaut, um – wie so oft in den Great Plains – neue Farmer anzulocken. Das Gebäude ist eine Mehrzweckeinrichtung, groß genug für Versammlungen oder Basketballspiele, und die Außenfassaden werden mit aufwendigen Getreidewandbildern bedeckt. Seit 100 Jahren gestaltet man jeden Sommer mit Getreideähren, verschiedenfarbigen Maisvarianten und heimischen Gräsern neue Motive. Eine halbe Million Menschen besichtigt jährlich den Corn Palace mit seinen Minaretten und Verkaufsständen im maurischen Stil.

Entlang der Highways werden noch andere unzählige Attraktionen geboten. Früher hieß es, der Jahrmarkt oder der Zirkus »kommt in die Stadt«. Als die amerikanischen Familien aber begannen, mit dem Auto kreuz und quer durch das Land zu fahren – zu Zeiten billiger Spritpreise, asphaltierter Highways und der Allgegenwart von Wohnwagenabstellplätzen –, mussten die Schausteller ihr Zelt einfach nur am Straßenrand aufstellen.

Links: der Corn Palace in Mitchell, South Dakota, um 1909.
Unten: eine Tankstelle mit Ausschank und Lebensmittelladen in den 1940er-Jahren. Man beachte die zahlreichen Werbeplakate für alkoholische Getränke, die damals nicht verboten waren!

Links: Werbeplakat für die »Newmann's Famous Road Show«. Es handelt sich um die Show des berühmten Zauberers Christian Andrew George Naeseth, genannt »Newmann der Große«. Er reiste um 1925 durch den Westen der USA und führte Zauberei und Hypnose vor.

Rechts: Ein landwirtschaftlicher Saisonarbeiter rasiert sich am Straßenrand, Foto von Dorothea Lange, 1939.
Als Vignette: Aufkleber zum Andenken an die berühmte Route 66.

Don't Waste
TRANSPORTATION

Es gehört zu meinen lebhaftesten Erinnerungen, wenn ich zur Weihnachtszeit von der Schule und später vom College in die Ferien nach Hause fuhr. Die von uns, die über Chikago hinaus mussten, trafen sich dann immer an einem Dezemberabend um sechs in der alten dämmrigen Bahnhofshalle von Union Station; dazu kamen ein paar Chikagoer Freunde, die schon im vollen Genuss ihrer Ferienfreuden waren und uns ein hastiges Lebewohl sagen wollten. Ich sehe noch die Pelzmäntel der Mädchen (...). »Sind Sie auch bei den Ordways? den Herseys? den Schultzes eingeladen?« – und die großen grünen Schülerfahrkarten klebten einem in der behandschuhten Hand. Und dann die dunkelgelben Waggons der »Chicago, Milwaukee & St. Paul Eisenbahngesellschaft« auf dem Nebengleis hinter dem Gitter, die uns so fröhlich wie das leibhaftige Weihnachten erschienen. Wenn wir dann in den Winterabend hinausfuhren, die trüben Lichter kleiner Wisconsin-Bahnhöfe an uns vorbeisausten und der wirkliche Schnee, unser heimatlicher Schnee, sich zu beiden Seiten auf den Feldern hinbreitete und in Flocken am Coupéfenster glitzerte, dann spürte man plötzlich ein scharfes wildes Ziehen in der Luft. Wir atmeten sie in tiefen Zügen, wenn wir vom Speisewagen über die offenen Plattformen zu unserem Abteil zurückgingen. (...) Dies ist mein Mittelwesten – nicht die Weizenfelder, die Prärien oder die verstreuten Schwedenstädtchen, sondern die erregenden Heimkehrzüge meiner Jugend, die Straßenlaternen und Schlittenglöckchen in der frostigen Dunkelheit.

F. Scott Fitzgerald, 1925

Oben: Der Gepäckaufkleber von 1940 rühmt den Zug *City of Denver* als den »weltweit schnellsten Fernzug«. Er wurde 1936 in Betrieb genommen. *Rechts:* Ein Güterzug der Santa Fe Railroad beim Verlassen von Chicagos Rangierbahnhof Corwith in Richtung Westküste. Neben der Lokomotive ist ein Waggon der Grand Canyon Line zu sehen, Foto von Jack Delano, März 1943. *Rechts unten:* Die Bahnhofshalle der Union Station wurde in den 1920er-Jahren im Rahmen einer 65 Millionen Dollar teuren Umgestaltung fertiggestellt und leider 1969 abgerissen. *Linke Seite:* Der Wartesaal der Union Station wurde im Februar 1943 von Jack Delano fotografiert. In den frühen 1940er-Jahren arbeitete er für die staatliche Farm Security Administration, eine Organisation zur Unterstützung der durch Dürre und Wirtschaftskrise verarmten Farmer. Auch die Fotografen Walker Evans, Dorothea Lange und Gordon Parks waren für die FSA tätig.

In der Dämmerung kamen wir nach Council Bluffs; ich blickte hinaus. Den ganzen Winter über hatte ich von den großen Wagengemeinschaften gelesen, die hier Rast hielten, bevor sie die Pfade nach Oregon und Santa Fe einschlugen (...). Dann Omaha und, bei Gott, der erste Cowboy, den ich sah, er ging in einem Zehn-Gallonen-Hut und Texas-Stiefeln an der öden Mauer des Fleisch-Großlagers entlang (...). Wir stiegen aus dem Bus und wanderten den ganzen Hügel hinauf, den langen, über die Jahrtausende vom mächtigen Missouri geformten Hügel, an dem entlang Omaha gebaut ist (...). Eine kurze Strecke wurden wir von einem reichen Viehzüchter in einem Zehn-Gallonen-Hut mitgenommen, der sagte, das Platte-Tal sei ebenso groß wie das Nil-Tal in Ägypten, und als er das sagte, sah ich in der Ferne die großen Bäume, die sich längs des Flussbettes reihten, und die grünenden Felder drum herum, und gab ihm beinahe recht.

Jack Kerouac, um 1950

Oben: die Belegschaft der Omaha Merchant's Express and Transfer Company in Nebraska, 1908 von dem Reisefotografen Frederick J. Bandholtz fotografiert. 1907 war er in Iowa, aus dem Jahr 1909 ist eine Panoramaaufnahme von Deadwood, South Dakota, von ihm erhalten geblieben.
Als Vignette: Gepäckaufkleber der *Hiawatha*-Züge von 1940. Sie fuhren von Chicago aus nordwärts durch Wisconsin nach Minneapolis. Ihr Werbeslogan lautete: »Niemand auf Schienen ist schneller.«
Unten: Der Druck von 1880 zeigt Ansichten der University of Minnesota in Minneapolis und auch die dort üblichen militärischen Exerzierübungen. Keiner der gezeigten Bauten steht noch. Das älteste Gebäude auf dem heutigen Campus ist Eddy Hall von 1886.

Rechte Seite: Das Ryan Hotel in St. Paul, der Zwillingsstadt von Minneapolis, wurde von Denis Ryan gebaut, der beim Goldschürfen in Montana zu plötzlichem Reichtum gelangt war. 1962 musste es einem Parkplatz weichen. Bereits 1897 war es einmal durch einen Brand zerstört, anschließend aber wieder aufgebaut worden. Hier eine Schwarz-Weiß-Aufnahme von 1924.

RYAN
HOTEL
SODA LUNCHEON CANDY
RYAN HOTEL DRUG CO.
RYAN
HOTEL

BURLINGTON & MISSOURI RIVER.
68

BRASKA.

e der Vereinigten Staaten. Aber die eigentliche Goldmine
inmitten der schwarzen Hügel, und der Blick schweift über ebenso
von den Amerikanern als Tempel der Demokratie
ründer«-Präsidenten in den Stein gehauen: George
evelt. Meisterwerke, die man nach künstlerischen
lassen.

Jacques Nosari, 1965

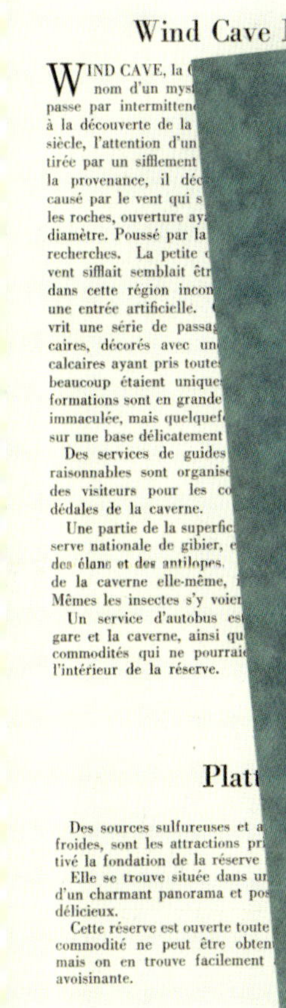

Wind Cave National Par

WIND CAVE, la
nom d'un mys
passe par intermitten
à la découverte de la
siècle, l'attention d'un
tirée par un sifflement
la provenance, il déc
causé par le vent qui s
les roches, ouverture ay
diamètre. Poussé par la
recherches. La petite
vent sifflait semblait êtr
dans cette région incon
une entrée artificielle.
vrit une série de passa
caires, décorés avec un
calcaires ayant pris toute
beaucoup étaient unique
formations sont en grande
immaculée, mais quelquef
sur une base délicatement
Des services de guides
raisonnables sont organis
des visiteurs pour les c
dédales de la caverne.
Une partie de la superfic
serve nationale de gibier,
des élans et des antilopes.
de la caverne elle-même,
Mêmes les insectes s'y voie
Un service d'autobus es
gare et la caverne, ainsi qu
commodités qui ne pourrai
l'intérieur de la réserve.

Platt

Des sources sulfureuses et a
froides, sont les attractions pr
tivé la fondation de la réserve
Elle se trouve située dans u
d'un charmant panorama et po
délicieux.
Cette réserve est ouverte toute
commodité ne peut être obten
mais on en trouve facilement
avoisinante.

1889. Der lange Rock einer der Damen auf dem Kutschendach verdeckt teilweise den Schriftzug »Tally-Ho Coach«, die Bezeichnung für einen Vierspänner.
Rechts: Arbeiter auf dem Gesicht von George Washington am Mount Rushmore. Erstaunlicherweise gab es lediglich Verletzte, aber keine Toten, als die berühmten Porträts der vier amerikanischen Präsidenten in den Fels geschlagen wurden. Präsident Coolidge (ein Republikaner) hatte das Vorhaben, das Touristen anlocken sollte, genehmigt, bestand aber darauf, dass neben Washington zwei Republikaner und ein Demokrat ihren Platz fanden.
Linke Seite: »Im kleinen Tal von Minne-kah-ta«, so lautet der Titel dieses Photochroms von 1901. Minnekahta ist der alte indianische Name für Hot Springs: *kahta* bedeutet heiß und *minne* Wasser (wie in Minnesota oder Minneapolis). Das Tal, in dem Hot Springs liegt, heißt immer noch Minnekahta und hat zur Zeit des Goldrausches in South Dakota Berühmtheit erlangt.
Seiten 142/143: ein kurzer Zug (Lokomotive, Tender, Postwagen und ein Passagierwagen) der Eisenbahngesellschaft Burlington & Missouri River Railroad, 1891 bei einem Halt in der Nähe von Hot Springs, Foto von John Grabill.
Als Faksimile: Broschüre über die Nationalparks, 1931.

AM 1. JULI 1867, ALSO VOR ZEHN JAHREN, ERBAUTE DER RICHTER WHITEHEAD in der Ebene von Cheyenne das erste Haus, aus rohen, mit Lehm verschmierten Balken. Zehn Jahre – zehn Jahre darauf fahren wir mit einem Palastwaggon an derselben Stelle in eine große, blühende Stadt, mit breiten, hübschsten Straßen, großartigen Hotels, geräumigen Warenlagern, Bank- und Versicherungsgebäuden, einem hübschen Stadthaus, Schulen, Gefängnis, Opernhaus und – Kirchen! Man höre: Kirchen! – Kirchen für die Katholiken, für die Methodisten, die Presbyterianer, die »Congregationalists«, die »Episcopalians« usw., Kirchen in einer Stadt, die noch vor fünf Jahren aus elenden »Dug-outs« – Erdlöchern und Bretterhütten – bestand, welch' letztere auf kleinen hölzernen Rädern ruhten und transportabel waren, so dass die Stadt damals in ganz Amerika unter dem Namen »Hölle auf Rädern« bekannt war!

Ernst von Hesse-Wartegg, 1877

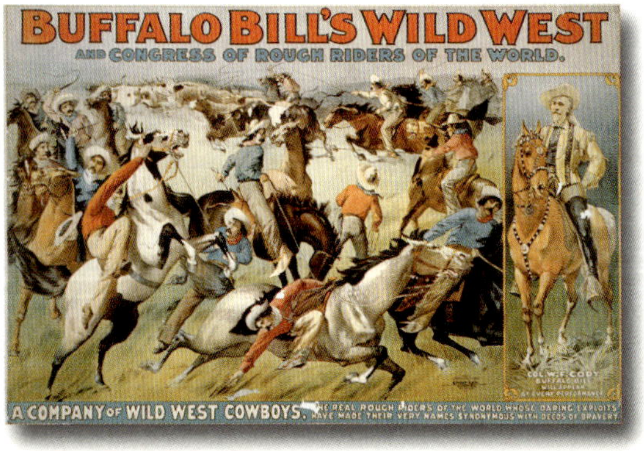

Oben: Buffalo Bill Cody setzt sich mit seiner Frau, den Enkeln und Freunden vor seinem – nach seiner Tochter benannten – Hotel Irma in Positur. Cody nannte es »das schnuckeligste Hotel, das es je gegeben hat«. Er selbst dürfte um 1900 der weltweit bekannteste Amerikaner gewesen sein. Einen Namen machte er sich als Jäger (anderthalb Jahre lang tötete er täglich acht Bisons), als Armeekundschafter sowie als Impresario. Er war gleichfalls an der Gründung der Stadt Cody, Wyoming, beteiligt, wo er bis zu seinem Tode 1917 lebte.
Links: Ein Plakat für *Buffalo Bill's Wild West Show* von 1899 kündigt die *Rough Riders* an – eine Anspielung auf einen Angriff, den der spätere Präsident Teddy Roosevelt in San Juan Hill auf Kuba während des Spanisch-Amerikanischen Krieges im Vorjahr angeführt hatte. Seine Kavallerieeinheit wurde *Rough Riders* genannt. Wie kein anderer förderte William Cody alias Buffalo Bill den Mythos militärischen Wagemuts, der Roosevelts raschen Aufstieg 1901 ins Weiße Haus begünstigte.
Rechte Seite: Einladung zur Eröffnung von Codys Hotel Irma im Jahre 1902.
Als Vignette: das Titelblatt eines Prospekts der Wyoming Travel Commission aus den 1950er-Jahren.

"THE IRMA"

COLONEL W. F. CODY

EARNESTLY DESIRES YOUR PRESENCE ON THE

OCCASION OF THE OPENING

OF HIS NEW HOTEL

"THE IRMA"

AT CODY, WYOMING

ON THE EVENING OF NOVEMBER EIGHTEENTH

NINETEEN HUNDRED AND TWO

DANCING

Wir wollten von Norden her in das Yellowstone-Gebiet gelangen, damals der einfachste Zugang. Auf dem Weg durch das obere Utah und durch Idaho machte ich weitere Fotos. (...) Von Virginia City mit den müde wirkenden Chinesen, die geduldig Kies schippten, ging es weiter nach Fort Ellis. Bei der Boteler's Ranch am Yellowstone River errichteten wir unser Basislager. (...) Dort verbrachten wir drei Tage damit, unsere Vorräte von den Planwagen auf Maultiere umzupacken. Eskortiert von einer kleinen Einheit der 2. US-Kavallerie brachen wir dann gen Süden in das eigentliche Yellowstone-Gebiet auf. Das nächste Indianervolk waren Crows bei der Agency flussabwärts; sie waren nicht kriegerisch, doch die Regierung ging kein Risiko ein. (...) Am späten Nachmittag des darauffolgenden Tages konnten wir erstmals aus der Nähe einen Blick auf das magische Land werfen, als unser Trupp die Mammoth Hot Springs erreichte. Wir waren, soweit es die Aufzeichnungen belegen, die ersten Weißen, die je diese brodelnden natürlichen Kessel gesehen haben, und der Gedanke, dass ich sie am nächsten Tag zum ersten Mal fotografieren sollte, versetzte mich in Erregung.

William Henry Jackson, 1871

Oben: ein Photochrom von der Lobby des Old Faithful Inn. (Der gleichnamige mineralische Geysir ist eine der Hauptattraktionen des Yellowstone-Nationalparks.) Der riesige Kamin besteht aus von Hand behauenen Lavablöcken und wiegt insgesamt 500 Tonnen.
Als Vignette: Der Gepäckaufkleber von 1935 erinnert an den Bau der Union Pacific Railway bis zum Westeingang des Yellowstone-Nationalparks (1935).
Rechte Seite: Mammoth Hot Springs ist ein weitgestreckter Hügel aus Kalksinter, der im Laufe von Jahrtausenden von dem heißen Wasser gebildet wurde: Wenn es an die Oberfläche sprudelte, lagert sich das im Wasser enthaltene Kalziumkarbonat beim Abkühlen auf der Oberfläche ab. Das Bild wurde 1871 von einer der zahlreichen Sinterterrassen aufgenommen, die mythologische Namen wie Jupiter oder Minerva tragen.
Seiten 148/149: Ansicht der Silver Gate und der *Hoodoos* im Yellowstone Park, Photochrom von 1898 nach einem Foto von William Henry Jackson. *Hoodoos* sind hoch aufragende Felsspitzen, die in ariden Becken und Badlands anzutreffen sind.
Seiten 152/153: die Shoshone Falls am Snake River in Idaho. Sie wurden 1874 von Timothy O'Sullivan aufgenommen, der als Fotograf für den geologischen Erkundungsdienst der US-Armee arbeitete.

SEE AMERICA
WELCOME TO MONTAN
UNITED STATES TRAVEL BUREA

Der Glacier-Nationalpark ist von ergreifender Schönheit; (...) die Gehege mit den wilden Tieren sind großartig. Die Zeichen der Gewalt aus der Vergangenheit, als die Pioniere hart kämpften, um ihre Existenz zu sichern oder ihr Vermögen zu verteidigen, sind unauslöschlich; die Indianervölker fest in ihren Traditionen verankert. (...) Eine herrliche wilde Gegend dicht an der kanadischen Grenze, die als eine der wenigen in den USA ihr ursprüngliches Aussehen bewahrt hat. Gletscher, Seen und Wasserläufe schimmern zwischen den kahlen Gipfeln. Man nennt sie die »Wasserscheide«, und es heißt, dass die Tropfen ein und desselben Wasserfalls voneinander getrennt werden und auf der einen Seite nach Osten zum Mississippi und zum Atlantik fließen, auf der anderen nach Westen zum Columbia River und Pazifik.

Jacques Nosari, 1965

Oben: das Glacier Park Hotel bei Sonnenaufgang, 1916. Das eindrucksvolle Panoramafoto von Jacob Neitzling ist fast zwei Meter breit.
Rechts: der Bahnhof der Union Pacific Railway in Gardiner, Montana, am Nordzugang zum Yellowstone-Nationalpark im Jahre 1905.
Linke Seite: Touristen im Glacier-Nationalpark gehen an Bord eines Boots. Louis Hill, der Präsident der Great Northern Railway, baute überall im Park Chalets im Schweizer Stil und nannte ihn dann die »amerikanische Schweiz«.
Als Vignette: Das Plakat *See America* von 1938 wirbt für Reisen nach Montana. Es entstand dank der Kunstförderung durch die Works Progress Administration, die Franklin D. Roosevelt während der großen Wirtschaftskrise ins Leben rief, um den Arbeitsmarkt anzukurbeln. Eine ganze Serie reizender *See-America*-Plakate wurde in jenen Jahren entworfen und gedruckt.

Ich ging hinaus. Und da in der blauen Luft sah ich zum erstenmal, weit weg, die großen, beschneiten Gipfel der Rocky Mountains. Ich atmete tief ein. Ich musste sofort nach Denver. (...) Es nahm mich auch gleich jemand mit, und zwar ein junger Mann aus Connecticut (...), (der) mich in Longmont, Colorado, aussteigen ließ (...). Es war schön in Longmont. Unter einem riesigen alten Baum war ein grünes Rasenbeet, das zu einer Tankstelle gehörte. Ich fragte den Tankwart, ob ich da schlafen könne, und er sagte: »Aber natürlich!« Also breitete ich ein Wollhemd aus, legte mein Gesicht flach darauf, streckte einen Ellbogen nach außen und richtete ein Auge für eine kurze Weile auf die beschneiten Rockies im heißen Sonnenglanz. Ich schlief zwei wonnige Stunden; die einzige Unbequemlichkeit war eine gelegentliche Colorado-Ameise. Und nun bin ich hier in Colorado! dachte ich immer wieder und war froh.

Jack Kerouac, um 1950

Oben: Touristen besichtigen die Ruinen des Güterbahnhofs von Boulder nach dem verheerenden Brand von 1907. Das Feuer war auf einen mit mehr als 1 000 Kilo Dynamit beladenen Güterwaggon übergesprungen.

Linke Seite: der Mizpah Arch vor dem Bahnhof von Denver. Die Stadt errichtete ihn 1906, um berühmte Persönlichkeiten, die mit dem Zug anreisten, würdig empfangen zu können. 1931 war er zum Verkehrshindernis geworden und wurde abgerissen.
Ganz oben: Das Brown Palace Hotel ist das zweitälteste Hotel Denvers. Bei seiner Eröffnung 1892 begeisterte seine damals einzigartige Architektur. Es ist Tradition, dass der bei der Viehausstellung preisgekrönte Stier während des Nachmittagstees durch die Hotellobby geführt wird.
Vignette: Gepäckaufkleber von Denvers ältestem Hotel, dem 1891 eröffneten Oxford Hotel.

Seiten 156/157: der Garden of Gods, Foto von William Henry Jackson, 1871. Heute ist er ein Park am Stadtrand von Colorado Springs, Colorado. Der Name ist nicht indianischen Ursprungs. Er soll auf eine Unterhaltung zwischen zwei Landvermessern zurückgehen. Der eine meinte, es sei der ideale Platz für einen Biergarten, worauf der andere entgegnete: »Aber einer für die Götter!«
Seiten 160/161: Gäste des Brown Palace Hotel bei einem Ausflug in die Red Rocks – heute ein Park und Amphitheater vor den Toren Denvers.
Als Faksimile: die Speisekarte des Hotel Antlers in Colorado Springs vom 11. Mai 1891.

U.S. SIGNAL STATION SUMMIT PIKES PEAK

Menu.

Terrapin.
Bouillon.
Soup Sticks, New Radishes.

Baked Bluefish—American.
Potato Croquetts, Sliced Cucumbers.

Fried Frog Saddles.
Boiled Capon with Pork, Egg Sauce. Cauliflower, Allemande.

Fillet of Beef, larded, Antlers,
Asparagus au beurre.

Sweetbreads braize, Mushrooms. Spinach with Cream.

Queen Fritters, Jamaica Rum Sauce.

IMPERIAL PUNCH.

Roast Prime Ribs of Beef, Roast Turkey Stuffed.
Mashed Potatoes. Green Peas. New Potatoes in Cream.

Roast Plover with Cress.

Chicken Salad. Dressed Lettuce.

Pudding Souffle 'a la Reine, Champagne Sauce.
Peach Meringue Pie. Pumpkin Pie.
Charlotte Russe au Maraschino.
Almond Cake, Angel Food, Lady Fingers, Fancy Macaroons,
French Kisses, Charteruse Jelly, Port Wine Jelly.

Tutti Frutti Ice Cream.

Strawberries with Whipped Cream,
California Oranges, Bananas, Apples, Mixed Nuts,
Layer Raisins, Figs.

Roquefort, Pine Apple and Cream Cheese,
Bent's Biscuits, Soda Crackers, Coffee.

COLORADO SPRINGS, COLO.
MAY 11, 1891.

THE ANTLERS,
E. BARNETT, PROPRIETOR.

STONE & LOCKE CO., DENVER.

COLORADO HAT AUCH SEINEN SOMMERKURORT für das *high life*. Es ist eine Badeanstalt, die in den Rocky Mountains in der Nähe einer schwefelhaltigen Quelle liegt. Kommt man in diese menschenleere Landschaft, nachdem man trostlose, verlassene Gegenden durchquert hat, ist man ganz verblüfft, wenn man ein kokettes kleines Haus entdeckt, in dem es sogar eine Art von Luxus gibt. Man findet dort ein Klavier, dessen vom Berg widerhallender Klang etwas so Düsteres wie Groteskes hat. Das Bad ist schön gebaut, mit großen Becken zum Schwimmen. Die wilde Landschaft, die die Anstalt umgibt, verleiht ihr einen gewissen Charme. Die Leute aus Paris, die sich langweilen und das Neue, Bizarre lieben, sollten herkommen und hier ihre Sommersaison verbringen.

Olympe Audouard, 1869

Oben links: der Gipfel des Pikes Peak mit der Trasse der Manitou & Pikes Peak Railroad im Vordergrund, Photochrom von 1901. Die Zahnradbahn ist seit 1889 in Betrieb.
Links: Das Antlers Hotel in Colorado Springs wurde von William Jackson Palmer, dem Eisenbahnmagnaten und Stadtgründer, erbaut. Schärfster Konkurrent war das Broadmoor Hotel des Millionärs Spencer Penrose, dem es letzlich gelang, das Antlers zu übernehmen.

Rechte Seite und oben rechts: zwei Ansichten der Royal Gorge bei Cañon City, Colorado, jeweils fotografiert von William Henry Jackson. Das Photochrom rechts stammt von 1879, als die Gleise seit erst einem Jahr verlegt waren. Das Photochrom oben zeigt den entgegengesetzten Blickwinkel, den Fluss links und die Gleise rechts. Die Schlucht ist an manchen Stellen bis zu 300 Meter tief und wurde mit zahlreichen technischen Wunderwerken wie einer Hängebrücke erschlossen.
Seiten 164/165: Bahntrasse der Colorado Midland Railway mit Schneedach und Schneefräse, Photochrom von 1899. In dem Jahr musste die Trasse wegen eines Schneesturms für zweieinhalb Monate geschlossen werden.

IM MITTELALTER GAB ES DIE LEGENDE VOM HEILIGEN GRAL. Vor 67 Jahren kursierte in Colorado die Legende von einem Schneekreuz auf einem Berggipfel. Alle waren überzeugt, dass irgendwo in den entlegenen Gegenden des westlichen Hochlands solch ein Wunder existierte. Hatte nicht ein Jäger einmal einen flüchtigen Blick darauf geworfen, bevor es beim Näherkommen vor seinen Augen verschwand? Hatte nicht hier und da ein runzliger Indianer die Augen zusammengekniffen und bedächtig genickt, wenn man ihn danach fragte? War nicht der Großvater oder der Onkel dieses oder jenes Mannes oder der Bruder des guten alten Soundso vor vielen, vielen Jahren der erste Weiße überhaupt gewesen, der es jemals erblickt hatte? Es war eine wunderbare Legende, und man tat alles, um sie mit immer neuen Geschichten am Leben zu erhalten. Dabei musste jeder, der das Holy Cross sehen wollte, einfach nur an einem klaren Tag mit einem Feldstecher den Gipfel des Gray Mountain ersteigen. Näherte man sich dem Kreuz, verschwand es stets hinter dem Notch Mountain – so entstand der Mythos des Holy Cross.

William Henry Jackson, 1871

Oben: Das Hotel Jerome in Aspen, Colorado, wurde 1899 von Jerome Wheeler, dem Miteigentümer des New Yorker Kaufhauses Macy's, gegründet. Es war das beste Hotel in der unwirtlichen Bergarbeiterstadt und das erste Gebäude westlich des Mississippi, das komplett mit Strom versorgt wurde. Während des Zusammenbruchs der Silberminen um 1890 erlebte es schwierige Zeiten.

Unten links: der Barbier im Jerome in den Anfangszeiten des Hotels. Vor dem Spiegel kann man das Stromkabel des Haartrockners erkennen.
Rechte Seite: Der Mount of the Holy Cross ist der nördlichste, rund 4200 Meter hohe Gipfel der Bergkette Sawatch Range in Colorado und wurde im 19. Jahrhundert wegen seines kreuzförmigen Schneefelds berühmt. Der Fotograf dieser Aufnahme, William Henry Jackson, nahm an der ersten verzeichneten Gipfelbesteigung teil – Indianer und Bergarbeiter waren ihm aber gewiss zuvorgekommen.

Die kleine Stadt Ouray, in der ich Halt machte, ist typisch für amerikanische Bergbauzentren: eine abfallende Hauptstraße ohne Pflaster, hölzerne Gehsteige, kleine, einstöckige Läden, Saloons, in denen man tanzt oder Roulette spielt und wo die Mädchen hinkommen, um das Geld der Bergarbeiter durchzubringen. Überall Schnee, denn wir befinden uns auf 2 500 Meter Höhe. Der Rest der Stadt ist in einem engen Becken erbaut, das zwischen zwei schneebedeckten Bergen eingezwängt liegt. Das Ganze ähnelt einem kleinen Schweizer Dorf. In den Schaufenstern sieht man Proben aller Gesteine Colorados mit Gold-, Silber- und Kupferstücken, die gediegen, das heißt unvermischt, in der Mine gefunden wurden. Ein Privatmann hat sich einen Spaß daraus gemacht, verschiedenartige Gesteine zu vermengen und Ziegel daraus herzustellen. Sie sind in eine Giebelwand eingelassen. Einer dieser Ziegel enthält ziemlich große Stücke aus reinem Gold.

Jules Huret, 1905

Oben: Mühle bei der aufgegebenen Camp Bird Mine in Ouray County, um 1940. Der Name der einst zweitgrößten Goldmine Colorados rührt von den gefräßigen Vögeln her, die den Minenarbeitern das Essen wegpickten. Der Eigentümer, Thomas Walsh, verkaufte die Mine und zog nach Osten. 1911 erwarb er für seine Tochter den legendären Hope-Diamanten.
Als Vignette: Packesel transportierten das Gold von den Minen in Ouray ab, 1906.
Linke Seite, oben: der Mount Sopris, Ansicht von Spring Gulch Mine aus, südlich von Aspen, wahrscheinlich um 1898. Die Besonderheit des Mount Sopris sind seine zwei Gipfel – West Sopris und East Sopris –, die beide exakt 3 952 Meter hoch sind.
Linke Seite, unten: Die *New York Times* kommentierte dieses Foto so: »Das Porträt von Wiliam McKnight, einem 49er (Goldsucher beim Goldrausch 1849) Haudegen mit rotem Hemd und Messer am Gürtel, berührt erst, wenn man seine Briefe an die Mutter kennt. Aus ihnen geht hervor, dass er als Minenarbeiter scheiterte und im Alter von 35 Jahren an Cholera starb, ›500 Meilen weit weg von meiner Frau und keine Menschenseele um mich herum, die ohne Bezahlung auch nur einen Finger rühren würde‹.«
Seiten 170–171: Ruinen im Canyon de Chelly (1873); ein Navajo-Indianer, der sich die Hände über dem Feuer in einem Tipi wärmt (1915), beides fotografiert von Timothy O'Sullivan.

Es war Zeit, nach Hause zu gehen. Ich musste die Kinder sanft losreissen. Wieder gingen wir unter den frischen grünen Blättern der Bäume entlang, die im goldenen Licht standen. Nicht weit davon floss der Rio Grande, dessen Flussbett mit schimmerndem Geröll besät ist. Rund um die weite Ebene von Albuquerque ein großer Kreis von Hügeln, die bei Einbruch der Dämmerung eine faszinierende Vielfalt von Farbtönungen annehmen. Ja, ein Land der Verzauberung – nicht so sehr durch das Sichtbare als durch das, was in den dürren Wüsten verborgen ist. (...) Ich ging zurück zu meinem Zimmer und saß dort eine ganze Stunde in Träume versunken. Dann kam ein Bote mit Geld für mich. (...) Plötzlich wurde mir bewusst, dass Albuquerque eine Stadt mit Läden, Banken und Filmtheatern war. Eine Stadt wie jede andere. Der Zauber war verschwunden. Die Berge begannen ein touristisches Aussehen anzunehmen. Es fing an zu regnen. Es regnet in Albuquerque nie um diese Jahreszeit. Aber es regnete trotzdem.

Henry Miller, 1945

Oben: Am Standort La Fonda gab es bereits seit gut 400 Jahren eine Herberge. Das Hotel rühmt sich einer »preisgekrönten Architektur und Raumgestaltung im Pueblo-Stil mit dicken Holzbalken, Latilla-Holzdecken, gemeißelten Kragsteinen, handgefertigten Lüstern, Zinn- und Kupferleuchten sowie unzähligen weiteren Details, die von lokalen Kunsthandwerkern geschaffen wurden.«
Unten: Das Fred Harvey Indian Building in Albuquerque war ein Nebengebäude des Alvarado Hotel, das 1902 erbaut wurde. Es beherbergte ein Indianermuseum. Hotel wie Museum wurden 1970 abgerissen.
Als Vignette: eine Werbung von 1948 für den Luxuszug *Santa Fe Super Chief*, der wöchentlich zwischen Los Angeles und Chicago verkehrte. Der Lokführer winkt dem als Indianerhäuptling verkleideten Jungen zu.
Rechte Seite: der *Super Chief* bei einem Halt in Albuquerque im März 1943.
Seiten 174/175: Lehmhäuser der Zuni-Pueblos in New Mexico. Der Fotograf Thomas O'Sullivan machte diese Aufnahme 1873 als Mitglied der Expedition von Leutnant George Wheeler, die Amerikas Westen, insbesondere Nevada und Arizona, erkundete.

WESTERN UNION
SANTA FE

Maricopa, auch der »Garten Arizonas« genannt, ist das landwirtschaftlich führende County des Arizona-Territoriums. (...) Im Obst- und Maisanbau sucht es seinesgleichen. Man muss nur unweit von Phoenix den Ufern des Gila River folgen, um sich der Entwicklungsfähigkeit dieser Gegend bewusst zu werden. Es ist schwerlich zu glauben, dass die erste amerikanische Siedlung hier 1868 entstand und in dem kurzen Zeitraum von etwa 20 Jahren diese grundlegende Verwandlung vonstatten ging. Damals brannte die Sonne auf eine dürre Ebene mit Greasewood, Mesquite-Sträuchern und Kakteen nieder, und ihre Strahlen versengten die ums Überleben kämpfende Vegetation. Ein schmaler Streifen Grün ließ den Flusslauf erahnen und bot den Augen Erholung vom gleißenden Wüstenlicht. Ein vollkommeneres Bild der wildesten und erbarmungslosesten Launen der Natur lässt sich kaum denken. Heute erstrecken sich hier über Kilometer riesige Weizen- und Gerstenfelder, unzählige mit Luzerne bepflanzte Felder erfreuen das Auge, und allerorts finden sich Obstplantagen. (...) Darüber hinaus gedeihen Zuckerrohr und Baumwolle, und gerechterweise müssen auch die einheimischen Pflanzen erwähnt werden, von denen viele – würden sie kultiviert – eine profitable Einnahmequelle darstellten. (...) Aus der Maguey- oder Mescalpflanze wird ein hochprozentiger Alkohol destilliert, der klar wie Gin ist, den kräftigen, rauchigen Geschmack schottischen Whiskeys hat und ebenso schnell berauscht wie diese beiden Getränke.

Anonym, 1890

Ganz oben: Das Biltmore ist eines der prestigeträchtigsten Hotels in Phoenix, Arizona, und das gesamte Viertel heißt Biltmore-Distrikt. Der Entwurf stammt von seinem ersten Besitzer, Albert McArthur. Da Frank Lloyd Wright 1928 für vier Monate als Berater hinzugezogen wurde, schreibt man vieles aber ihm zu. Das Hotel öffnete 1929 die Pforten in einer, wirtschaftlich betrachtet, schwierigen Zeit, und so verloren es die Brüder McArthur bald an ihre Investoren. Noch heute ist das Biltmore eine Sehenswürdigkeit. Mittlerweile gehört das »Juwel of the Desert« zur Hilton-Kette.
Links: die noch brandneue Lobby des Biltmore, um 1930.

In dieser Gegend geht die Sonne schnell unter. Man kennt hier keine Dämmerung. Es hatte seit dem Morgen geregnet, und wir fuhren auf einer regengeschwärzten Hochebene. Plötzlich entstand ein Lichtloch. Die Sonne zerriss die grauen und schwarzen Wolken, die in den Bergen hingen. Die Gipfel im Westen umhüllten sich mit einem blauen Lichtschein. Übereinanderliegende blaue Bänder erzeugten am Himmel den illusorischen Eindruck einer weiten Meeresfläche in hellem Licht. Die verfluchten Täler von Arizona, von weißen Steinen und nackten Felsen bevölkert, die unter dem Strahlenregen aufleuchteten, glichen arabischen Städten an einer Paradiesküste. (...) Die Sonne ging unter wie ein Riesenkarfunkel in einem Perlenbett; (...) und vom Himmel schien das Wunder auf die Erde herabzusteigen! (...) Der Zug eilt dahin, wir werden es aus der Nähe bestaunen und noch mehr genießen. Rot, Rosa und violett getöntes Goldgelb spiegeln sich im Wasser. Ein Streifen züchtigen Blaus hält sich im nahenden Dunkel. Darunter zeichnen sich Lichtbuchten ab, schimmernde, reine Seen. Ich blieb beharrlich auf der Plattform, den Kopf diesem Wunder zugeneigt. Der Abend sank weiter herab, ich hätte sein Kommen hinauszögern wollen ... Aber je näher der Zug dem blutroten Teich kam, desto schneller erlosch die Luftspiegelung. Der Abend brach ganz herein. Der ungeheure Kreis der Berge wurde wieder unheimlich. Der Wind frischte auf. Ich musste in den Zug zurückkehren.

Jules Huret, 1905

Rechts: die Agate Bridge im Petrified Forest bei Adamana in Arizona, Photochrom, 1898. Hochwasser höhlte unter diesem 34 Meter langen versteinerten Baumstamm das Gelände aus. Während das weichere Gestein durch Erosion zersetzt wurde, blieb der versteinerte Stamm erhalten.
Unten: Navajo-Indianerin beim Weben einer Decke, Photochrom, 1898.
Linke Seite: Edward Curtis verfolgte mit seiner fotografischen Arbeit das Ziel, die Traditionen der Indianer im Bild festzuhalten, die verloren zu gehen drohten. 1906 erklärte sich J. P. Morgan bereit, dieses einzigartige Projekt mitzufinanzieren. 1907 entstand die Aufnahme von drei Qahatika-Frauen in Arizona, die von der Kaktusfruchternte zurückkehren. Eine trägt ein Tongefäß auf dem Kopf, zwei tragen eine Kiepe auf dem Rücken. Das Ergebnis von Curtis' mehr als 30-jähriger Arbeit war eine 20-bändige Enzykopädie über die Indianer Nordamerikas, die rund 22 000 Fotos enthält.

Die Sinne vergehen. Was vor uns liegt, kann nur mit dem Gefühl begriffen werden. Es ist das Wunder aller Wunder. Es ist der große Canyon des Colorado. Farben flammen auf. Die Unendlichkeit scheint sich zu öffnen. Jahrmillionen liegen in der Tiefe. Was sagen da Worte? Was bedeuten Zahlen? Man müsste die Sprache von Titanen reden können. Was man sieht, schließt alles je Gesehene aus. Man verliert das Gefühl für Dimensionen. Es gibt keine Maßstäbe dafür – es übersteigt den Sinn, den wir Menschen für Form und Farbe haben. Niemand ist für den Anblick vorbereitet! Mitten in die Ebene hinein, in diese oberen Regionen der Erdoberfläche, ist es wie ein ungeheurer Einbruch. Die Erde ist bis in ihre Eingeweide gespalten, aufgerissen. Mit den Maßen der Menschen gemessen, ist sie bis auf 2000 Meter Tiefe aufgewühlt, gespalten, in einer Ausdehnung von 217 Meilen Länge, in einer Breite von 9–13 Meilen zieht sich die Schlucht wie etwas Unermessliches – eine Welt für sich. Die gegenüberliegenden Ränder sind so weit, dass Bäume dem Auge nur wie ein Moos wahrnehmbar sind, und doch erscheinen sie bei der Durchsichtigkeit und Klarheit der Luft greifbar nahe.

Alice Salomon, 1924

Rechts: Das El Tovar Hotel öffnete 1905 seine Pforten nur sechs Meter von der Südkante des Grand Canyon entfernt.
Rechts unten: Die gestellte Szene (um 1900) soll die Gefahren an der steil abfallenden Felswand des Grand Canyon veranschaulichen.
Linke Seite: ein Mann mit seinem Esel am Tanner Ledge, 1913. Ellsworth und Emery Kolb, zwei unternehmungslustige Brüder, machten das Fotografieren und den Grand Canyon zum Mittelpunkt ihres Berufslebens. 1911 fuhren sie den Colorado River durch den Grand Canyon hinab und hielten das Abenteuer als Film fest – eine nie da gewesene Meisterleistung.
Als Vignette: Gepäckaufkleber des Pioneer Hotels. Der elfstöckige Stolz von Tuscon wurde Ende der 1920er-Jahre erbaut.
Seiten 180/181: Touristen und ihre Guides in den »Zig Zags«, Photochrom von 1900, hergestellt aus einem Foto von William Henry Jackson aus dem Jahr 1875. Die »Zig Zags« sind eine sehr steile Passage auf dem Bright Angel Trail im Grand Canyon, der für seine Serpentinen bekannt ist.
Seiten 184/185: der *Moki Snake Dance*, eine Zeremonie der Pueblo-Indianer von Arizona, Photochrom von 1902.

Die ganze Pracht dieser Felsenwelt offenbart sich in den Pink Cliffs, frei liegenden Rändern der unteren Schichtstufen aus dem Eozän. Die Ähnlichkeit mit strengen architektonischen Formen ist oft verblüffend. Der obere Rand des riesigen Amphitheaters erinnert an die Ruinen einer mächtigen Kolonnade. Aufrechte Obelisken, liegende Säulen, verwitterte Kuppeln, Paneele, Nischen, Pfeiler, sich wiederholende symmetrische Formen wecken allesamt die lebhafte Vorstellung von einem Werk von Riesenhand, eines Volks von Zauberwesen, das einst Tempel aus Fels errichtete und nun in einen magischen Bann geschlagen ist, derweil die von ihm geschaffenen Strukturen im Laufe der Jahrhunderte zu Ruinen verfallen.

Clarence E. Dutton, 1880

Der Zion-Canyon wurde wahrscheinlich von dem Forscher John Wesley Powell benannt, der ihn 1869 bis 1872 erkundete. Ein früherer Erkunder des Canyons, Joseph Black, erntete Spott, als er dessen Schönheit schilderte. Die Anwohner nannten den Canyon »Joseph's Glory«.

Oben: Logo der Natural History Association im Bryce-Canyon-Nationalpark.

Rechte Seite: der Pulpit Rock im Echo Canyon von Utah. Unten am kanzelförmigen Felsen verlaufen Bahngleise, Photochrom auf der Basis eines früheren Fotos von William Henry Jackson, um 1900.

Oben: Das Plakat für den Ranger Naturalist Service im Zion-Nationalpark von 1938 entstand im Rahmen des Kunstprojekts der Work Projects Administration. Es wirbt für »Exkursionen, Lagerfeuer, naturgeschichtliche Vorträge und Ausstellungen sowie allgemeine Informationen«.

Salt Lake City war gesund – eine äusserst gesunde Stadt. Man erklärte uns, es gebe am Ort nur einen Arzt und der werde regelmäßig jede Woche arretiert und nach dem Vagabundengesetz angeklagt, weil er »keine sichtbaren Mittel, seinen Lebensunterhalt zu verdienen«, besäße. (An Wahrheit gaben sie dir in Salt Lake City allzeit gediegene, handfeste Ware und dazu gutes Gewicht und gutes Maß. Wenn du eine ihrer untergewichtigsten kleinen ganz alltäglichen Behauptungen abwiegen willst, brauchst du sehr oft die Heuwaage dazu.) … Wir aßen bei einigen gastfreundlichen Heiden zu Mittag und besichtigten den enormen Tempel und unterhielten uns lange mit dem nunmehr seligen pfiffigen Connecticut-Yankee Heber C. Kimball, einem Heiligen hohen Grades und mächtigen Mann im Wirtschaftsleben. Wir sahen das »Zehntenhaus« und das »Löwenhaus«, und ich weiß nicht mehr was noch alles für Kirchen und Regierungsgebäude verschiedener Art und Namen. Wir flitzten hierhin und dorthin und kosteten jede Stunde aus und schnappten eine ganze Menge nützlicher Belehrung und unterhaltsamen Unsinns auf und gingen abends zufrieden zu Bett.

Mark Twain, 1871

Oben: das Old Tithing House, der Sitz der *Deseret Evening News*, Photochrom, um 1900.
Links: Broschüre über den Temple Square aus den 1950er-Jahren.
Am Tempelplatz erhebt sich der Salt Lake Temple, eines der bedeutenden Heiligtümer der Mormonen. Der Tempel wurde 1893 eingeweiht – 40 Jahre nachdem Brigham Young, der Mormomenprophet, den Grundstein gelegt hatte.
Linke Seite: das Eagle Gate in Salt Lake City, 1900. Ursprünglich war es das Portal zum Anwesen von Brigham Young. Der offizielle Wappenvogel des Bundesstaates ist allerdings eine Möwe und kein Adler. Der riesige Salzsee lockt die Möwen weit in das Landesinnere. 1848 vernichteten sie eine Heuschreckenplage und retteten so die Ernte der frühen Mormonensiedler.
Seiten 190/191: Der Salt Air Pavillon wurde 1893 am Ufer des Großen Salzsees, vor den Toren von Salt Lake City errichtet. Er sollte ein Ort der Zerstreuung werden, ein Art Weststaaten-Gegenstück zu Coney Island. Es ging dort entsprechend den Glaubensregeln zu – streng moralisch und familienfreundlich.

Schnell stellt man fest, dass Reno einfach Reno ist, diese Stadt auf wunderbare und einzigartige Weise einfach sie selbst ist. Es ist eine Reise zurück in die harten, rauen und freien Zeiten des Goldrausches und der Minenarbeiter-Camps. Zwanglose Sitten haben in der Stadt Tradition. Das Glücksspiel liegt ihr im Blut. Reno entstand während der bewegtesten und ruhelosesten Episode der amerikanischen Ilias und ist der wahre Nachfahr von Virginia City, Silver City und Goldfield, ein Sprössling der spektakulären Goldadern und -minen. Wenn man etwas als charakteristisch für Reno bezeichnen kann – und hier rücken das unkomplizierte Scheidungsverfahren, das freie Glücksspiel und der schlichte Zynismus ins Blickfeld –, dann ist es ein gewisser ureigener Geist, der dem Land hier innewohnt, den auch die strengsten Gesetze der Welt niemals in seine Schranken weisen konnten. Reno ist Grenzland und das, wofür Grenzland immer stand: die Flucht von Puritanern vor Puritanern.

Anne O'Hare McCormick, 1931

Oben: Der Reno Arch wurde 1927 gebaut. Erst einige Jahre später kam der Slogan »Die größte kleine Stadt der Welt« hinzu. Er war im Rahmen eines öffentlichen Wettbewerbs mit einem Preisgeld von 100 Dollar ermittelt worden. Die 1929 angebrachte Neonleuchtschrift mit den beiden Fackeln wurde 1934 nach Bürgerbeschwerden wieder entfernt. Der Arch markierte die Inbetriebnahme zweier wichtiger Highways.
Als Vignette: das Aushängeschild von Eddie's Fabulous 50's, einem Kasino and Restaurant, Detail eines Fotos von 1890.

Rechte Seite: In der Virginia Street befand sich von 1938 bis 1945 Harrah's Bingo, das dritte Harrah's in Renos Geschichte. Der Club vergrößerte sich mit dem Umzug in die Virginia Street auf die doppelte Fläche und war mit dem benachbarten Harold's Club durch eine Tür verbunden, so dass die Getränke von dort im Bingosalon serviert werden konnten.
Seiten 194/195: Karte von Sacramento. Die Darstellung aus der Vogelperspektive wurde von der *Daily Record Union* und der *Weekly Union* – Sacramentos Zeitungen ab 1850 – veröffentlicht. Den Rahmen bilden bedeutende Bauwerke der Stadt, wie die Bank Corporation, das Bezirkskrankenhaus, die Hall of Records, das State Capitol, das Justizgebäude und das Western Hotel.
Als Faksimile: Harold Smith, der Besitzer von Harold's Club, teilt die Karten aus, 1940er-Jahre.

HAROLD'S
CLUB
RACE HORSE
BOOKING
BANK
CAFE
MEALS 35¢
WASHOE
CAFE
PALACE
CLUB
CLUB
A HIGH LIMIT
WILL BE GIVEN
ON ANY GAME
By Request
No Minors Allowed

SACRAMENTO, CAL.

SACRAMENTO, the capital city of California, is situated at the confluence of the American and Sacramento rivers, ninety miles easterly from San Francisco, eighteen miles westerly from the lower foothills of the Sierra range, and nearly in the center of the State; and for a political seat could not be better located. The city has a population of 30,000. Its municipal area is in excess of four square miles. Fully two-thirds of this is compactly built. Its streets are broad, heavily shaded, and afford admirable drives. In its homes, Sacramentans take pardonable pride, since, for beauty of surroundings, floral wealth and choice foliage, their equals are few.

The city is admirably related by railroads to the trade and transportation interests of the coast. The California and Oregon Railroad leads hence to and through Oregon, the Central Pacific east to the transmontane regions, the California Pacific on the west side of the Sacramento river connects the city with San Francisco and its upper suburban towns and cities; the Western Pacific connects it with the San Joaquin valley, the Southern Pacific leading to the Gulf of Mexico, and by continuation from Lathrop makes a second connection with San Francisco, and by branch lines with the Santa Clara valley. The Sacramento Valley and Placerville line leads from the capital city to the El Dorado Sierras. Feeders to the great Central lines connect Sacramento with the leading counties of the State; both coast and interior. By navigation on the Sacramento river, the city has trade relations with the entire tier of river counties.

Sacramento is liberally endowed with churches. They represent nearly all denominations, and the church edifices are nearly all fine, and some are very imposing structures. There is maintained the best equipped school system, supplemented by several private educational institutions. One of these, the Sacramento School of Design, occupies the E. B. Crocker Art Gallery, a superb building presented to the city by Mrs. E. B. Crocker, and valued, with its collection of oil paintings, at about six hundred and fifty thousand dollars. The State Capitol, situated in the heart of the city, is a classical structure, erected at a cost of upwards of three millions of dollars. The Catholic Cathedral, Agricultural Pavilion, Odd Fellows' Temple, Sacramento and Capital Grammar Schools, Courthouse and Hall of Records are among the notably large and fine structures. The Railroad Hospital, High School, Masonic Hall, Free Library, chief hotels, State Printing Office, Old Ladies Home, and several business structures are buildings that attract attention and are a source of local pride. The Central Pacific Railroad shops in this city are the largest mechanical works upon the coast, and give employment to two thousand skilled and unskilled workmen. There are many factories of lesser character, but which are important factors in the industry of the city.

The jobbing trade of Sacramento aggregates about sixty million dollars annually, and extends throughout all the central and northern and mountain sections, and the adjacent States and Territories. Sacramento is the chief fruit shipping station of the State, sending forward in season far more fruit than any other point, and generally as much as most others combined. Its rail and river transportation facilities, nearness to the mountain range, contiguity to the great foothill region, centrality of location, and climatic desirability, all conspire to make it the most prominent fruit forwarding post of the State.

The county of Sacramento is largely devoted to fruit-raising, and for grapes, berries and general fruits, its soil is not second—and in many respects is first—in comparison with all other sections. Its river bottom lands are unquestionably the richest of the coast, making Sacramento pre-eminently the chief hop-raising territory of the United States. The largest hop-yard in the world is in this county, as also the second largest vineyard of the world. Of wheat, barley and alfalfa, the county yields abundantly, and of the first quality. The business and property interests maintain a vigilant Board of Trade, an Improvement Association and an Immigration Society, all actively engaged in promoting local interests. Irrigation has not

1. S. P. Co.'s R. R. Shops
2. S. P. Depot
3. City Hall Water Works
4. S. P. Co.'s Foundry
5. S. P. Co.'s Hospital
6. Electric Light Works
7. Hall of Records
8. County Court House
9. City Free Library
10. Episcopal Church
11. Congregational Church
12. Pioneers' Church
13. Golden Eagle Hotel
14. Capitol Hotel
15. Masonic Temple
16. 6th St. M. E. Church
17. Presbyterian Church
18. Armory Hall
19. Metropolitan Theatre
20. Record-Union Office
21. Western Hotel

SACR

"BIRD

DAILY RECORD

Leading Fami

TERMS:

MENTO.

UBLISHED BY THE

AND WEEKLY UNION

rnals of the Pacific Coast.

Weekly $2.00 per year."

22. Crocker Art Gallery
23. Capital Grammar School
24. High School
25. First Baptist Church
26. Clunie Opera House
27. Odd Fellows Temple
28. Turner Hall
29. Catholic Cathedral
30. German Lutheran Church
31. City Plaza
32. State Capitol
33. State Exposition Building
34. State Printing Office
35. Grammar School
36. Sutter's Old Fort
37. "Nob Hill"
38. Town of Enterprise
39. City Cemetery
40. "Nama Colony"
A. Street Railways
B. Electric Railway

been needed in the county, nor employed, save in berry farms and gardens through agencies that lift water from bored wells, it being found in quantity and purity in a gravel strata underlying most of the county area.

The new comer will find a climate genial and bracing, free from enervating quality, and oranges and lemons ripening in the air will convince the most skeptical of the practicableness of raising them for market in this section. Semi-tropic plants flourish luxuriantly in all the Sacramento region, the palm, olive, date, lime, almond, orange and lemon finding the climate admirably adapted to their growth. In all deciduous fruits the Sacramento region holds the palm; peaches, pears, apples, apricots and all small fruits of the finest quality, are here grown in vast abundance. The raisins made in Sacramento county, being grown without irrigation, are sweeter and thinner skinned than the more famous Fresno brands. The finest pickled olives exhibited last year were grown at Florin, Sacramento county. The Sacramento section is emphatically agricultural; all cereal fruits, grasses and vegetables being raised with unparalleled success and of unsurpassed quality. The climate is semi-tropical. The heat of summer, owing to the dryness of the atmosphere, is not oppressive, and winter, as generally understood, is unknown—as an evidence of which December and January ripens the orange, and February is the month of flowers especially, while vegetables are grown the year round, and berries are in market up to December 1st, and even later. Snow and ice and freezing temperatures are not factors in the climate. The health of Sacramento city is of high character, and she stands second as the healthiest city in the land. No other county has such varied resources that are more easily or profitably developed. The outlook for the city and its suburban country appears to be the brightest. Free from the speculative craze; values not suffering by inflation or decadence; immigration steadily coming in of the most desirable character; local capital being abundant, trade expanding, and the adornment of the city and its suburbs constantly being made; manufactures increasing, transportation facilities augmenting; society orderly, stable and of high moral tone, Sacramento presents herself as one of the most desirable and inviting localities of the Pacific coast.

ORANGE VALE.—The lands of the Grange Vale Colonization Company, are situated north of the American River, sixteen miles from Sacramento, two miles from Folsom, and eight miles from Roseville, the junction of the C. P. & C. & O. railroads. The road-bed for a railway line to run between Folsom and Roseville, and passing directly through these lands has been constructed. The tract consists of 2,400 acres. The character of the soil is a deep sandy loam, capable of bringing forth every variety of vegetation. The land is all cleared and under cultivation. The many large white and live-oak trees, is an index to the quality of the soil. This locality, is a succession of low rolling hills, every acre being susceptible of the highest cultivation. Through the tract runs a large irrigating ditch with a capacity of 2,000 inches of water, which will be piped to every part of the tract. Near the center a town-site has been selected; avenues will be graded and evergreen trees planted; a large hotel and many fine residences will be built within the next few months. Several hundred acres surrounding the town have been surveyed and sub-divided into small tracts of from 10 to 20 acres, and the Company will plant 200 to 300 acres in trees and vines, among which, will be an orange grove of 10 acres. For particulars address the undersigned: Robert T. Devlin, Sec. of Thos. B. Hall, Pres't., Sacramento, Cal.

OAK PARK, as represented in the above view, is located outside the southeastern boundary of the city, and embraces a tract of 20 acres, of which, a portion has been subdivided into villa lots 40x15 feet, with broad avenues, graded and lined with palm, magnolia and other semi-tropical trees. The ground is high, admitting of excellent drainage. Water may be obtained at a depth of forty feet in abundance; city water and gas will be piped to the Park. The soil is well adapted for cultivation of the rarest plants of the floral world.

An electric railroad running through the heart of the city will connect the Park with the passenger depot, giving the residents of the Park advantages of transit equal to those of the city, without the expense of city taxes. Avenues leading from the Park are sprinkled and kept in good condition. The managers are men of high standing in Sacramento who have the welfare of the city and new comers at heart. It will be their aim to make it so attractive that it will be considered a rare treat to own a lot in and reside within the boundary of OAK PARK.

The prices of lots are low and offered upon easy terms. Full particulars and maps can be had upon application to the Secretary at the office of EDWIN K. ALSIP & CO., 1,105 FOURTH STREET, SACRAMENTO, CAL.

Dann die Sierra Nevada hinauf, Föhren, Sterne, Wochenendhäuser, die von Friscos Liebesgeschichten berichteten (...), und dann bergab in die Ebenen von Sacramento. Es wurde mir plötzlich bewusst, dass ich in mich in Kalifornien befand. Warme, blühende Luft – Luft, die man küssen kann – und Palmen. Längs des geschichtenumwehten Sacramento-Flusses auf einer Autobahn, wieder hinein in die Berge; bergauf, bergab; und dann plötzlich die Weite der Bucht (es war gerade vor Tagesanbruch) mit den Girlanden der schläfrigen Lichter Friscos bekränzt. Bei der Fahrt über die Oakland-Bay-Brücke schlief ich fest, zum erstenmal seit Denver; so dass mir an der Bushaltestelle Ecke Market- und 4. Straße rüde die Tatsache ins Bewusstsein gestoßen wurde, dass ich gut fünftausend Kilometer vom Haus meiner Tante in Paterson, New Jersey, entfernt war. Ich wanderte hinaus wie ein hageres Gespenst, und da lag es, Frisco – lange, öde Straßen mit Oberleitungen, alles in Nebel und weißen Dunst gehüllt.

Jack Kerouac, um 1950

Oben: Sonnenuntergang über der 1165 Quadratkilometer großen San Francisco Bay, Foto von John Fiske, 1884. Als der Toxikologe Louis Lewin, gerade mit dem Schiff aus Vancouver angekommen, 1887 am Cliff House auf die Bay blickte, sonnten sich Seehunde auf den Felsen und machten die Touristen durch ihre Geheule auf sich aufmerksam: »Sie werden nicht etwa, wie ich glaubte, hier gehalten, sondern sind ganz frei«, kommentiert der Berliner Gelehrte das Schauspiel.

Links: Cliff House, das siebenstöckige viktorianische Palais des Silberminen-Millionärs Adolph Sutro, im Jahre 1902. Das prachtvolle Gebäude nannte man auch »Gingerbread Palace (Lebkuchen-Palast). Es ersetzte das erste Cliff House, das 1894 von einem Feuer zerstört wurde. Der Prachtbau überstand das Erdbeben und das Feuer von 1906, um 1907 vollkommen abzubrennen.

Westküste

Von Seattle nach San Diego

KANADA
Seattle
Tacoma
WASHINGTON
Mount Rainier
PAZIFISCHER
OZEAN
Portland
Mount Hood
Columbia
Timberline
Lodge
OREGON
Mount Shasta
Shasta Springs
Lassen-
Nationalpark
Sacramento
San Francisco
Yosemite-
Nationalpark
NEVADA
San Jose
Santa Cruz
Maniposa
Monterey
Fresno
Sequoia-
Nationalpark
KALIFORNIEN
Death Valley
Las Vegas
Santa Barbara
Hollywood
PAZIFISCHER
OZEAN
Los Angeles
Pasadena
Long Beach
ARIZONA
Santa Catalina
San Diego
MEXIKO

Links: Cape Horn am Columbia River, Photochrom, um 1900.
Seiten 198/199: der Seebahnhof für die Fähren von San Francisco, 1928.

Rechts: Drei Generationen von Lokomotiven zieren einen Fahrplan der North Western Line, 1939.
Unten: Crown Point und der Aussichtspunkt Vista House über dem Columbia River, eine der ersten großen touristischen Sehenswürdigkeiten im Nordwesten der USA, um 1916.

Wer zu Beginn des 20. Jahrhunderts Seattle besucht, dem wird sogleich bewusst, dass es sich um eine Boomtown handelt: Holzbarone, Goldtycoons und Seehandelsmagnaten errichten hier herrschaftliche Wohnsitze und prächtige öffentliche Gebäude. Seattle ist die größte Konkurrentin von San Francisco um die Vorherrschaft an der Pazifikküste. Die verheerende Wirtschaftskrise von 1893 drosselt das spektakuläre Wachstum der Stadt. Der Goldrausch in Alaska (1897–1923) sichert ihr aber schnell einen weiteren Aufschwung.

Seattle ist nicht nur der wichtigste Handelshafen für Alaska, auch Reis, Seide, Tee, Gewürze, Indigo und andere Waren aus Asien treffen hier ein. Exportiert wird Lachs, das Wahrzeichen des nordwestlichen Pazifikraums. Seit dem Bau der Staudämme Bonneville (1909–1934) und Grand Coulee (in den 1930er-Jahren) sind die Lachsleitern bei Touristen ein beliebtes Ausflugsziel.

Der Schriftsteller John Gunther charakterisiert in seinem Buch *Inside USA* (1947) die Lachsleitern als »eine der ausgeklügeltsten Erfindungen, die ich je gesehen habe. Die Lachse dabei zu beobachten, wie sie die Leitern emporspringen, ist ein einmaliges Erlebnis«. Während der Laichzeit erkämpfen sich nicht weniger als 30 000 Lachse täglich ihren Weg nach oben über den Damm.

Gunther schildert ebenfalls das Wasser, das über den Damm fließt: »Das Wasser ergießt sich in einer glatten grünen Wand und zerbirst in schäumende weiße Gischt. Das grüne Wasser gleitet beständig und glatt wie ein Fließband nach unten. Elf blendend weiße Wasserfälle durchbrechen die anschwellende Woge und stürzen sich spritzend hinab, als sprudelten sie aus riesigen Wasserschläuchen hervor. Der weiße Gischtvorhang ist neun Meter stark und das Getöse der wirbelnden Wassermassen meilenweit zu hören.«

Reisende kamen mit dem Schiff oder der Eisenbahn nach Seattle. Wenn man mit dem Zug aus östlicher Richtung anreiste, dann wahrscheinlich auf der Trasse der Great Northern Railway des Eisenbahnmagnaten James J. Hill, die das Kaskadengebirge überquerte. Auf der Strecke wurden die Passagiere unablässig daran erinnert, dass Eisenbahnreisen alles andere als alltäglich oder gefahrlos waren. 1910 fegte eine Lawine einen Personenzug der Great Northern hinweg, während er auf einem Nebengleis das Ende eines Schneesturms abwartete. Es war das schlimmste Eisenbahnunglück in der Geschichte Amerikas. Die Cascades sind eine dramatische, wunderschöne und tückische Berglandschaft.

Von Seattle im Bundesstaat Washington aus nach Süden führt die Bahnlinie durch Portland, Oregon, am Fuße des Mount Hood. Bekanntlich wurde Manhattan für 24 Dollar den Indianern abgekauft – aber für die Hälfte der 640 Morgen Land, auf denen sich Portland erstreckt, wurden 1835 nur 25 Cent bezahlt! Den Namen der Stadt bestimmte man per Münzwurf. Diese Details aus der Geschichte des pazifischen Nordwestens vermitteln einen Eindruck von dem rauen, entlegenen Winkel des Kontinents.

Im pazifischen Nordwesten lohnt sich ein Ausflug zur Columbia River Gorge. Das Crown Point Vista House an dieser Felsschlucht ist eine frühe Sehenswürdigkeit. 1916/18 wurde es als Touristenattraktion errichtet, als man den Columbia River Highway baute. Nach den Worten des Ingenieurs, der die Straße plante, war der knapp 250 Meter über dem Fluss gelegene Felsvorsprung Crown Point der ideale Standort für »ein Observatorium, von dem aus man in stiller Zwiesprache mit der Unendlichkeit der Natur auf den Columbia River blicken kann«.

Ein weiterer Abstecher führt zum Crater Lake, einem 594 Meter tiefen Kratersee in der Caldera eines schlafenden Vulkans. Der See aus Regenwasser ist von einem auf der Welt einzigartigen, unwirklichen Himmelblau. Eine weitere Eigentümlichkeit ist der *Old Man of the Lake* (»der alte Mann vom See«), ein Stück Treibholz: Seit mindestens 1896 bewegt sich der große Baumstumpf – neun Meter lang und mit einem Durchmesser von 60 Zentimetern – mitten im See senkrecht auf und ab.

Weiter südlich liegt der kalifornische Lassen-Volcanic-Nationalpark. In den Jahren des Ersten Weltkriegs hatten Besucher das Vergnügen, den letzten verzeichneten Ausbrüchen des Mount Lassen beizuwohnen. Während heute die Bahnstrecken größtenteils im Landesinneren verlaufen, führten damals noch Strecken die atemberaubende Nordküste Kaliforniens entlang. Die von Norden her in San Francisco eintreffenden Züge setzten ihre Passagiere an den Anlegebrücken der Bucht von San Francisco ab. Von dort aus setzten sie mit Fähren zu der nebligen Stadt auf der anderen Seite der Bucht über.

San Francisco ist schon seit langer Zeit aus vielerlei Gründen berühmt: wegen seiner steilen Hügel (ein unbekannter Witzbold soll gesagt haben: »Wenn man vom Umherlaufen in San Francisco müde wird, kann man sich immer an der Stadt anlehnen«); wegen der schönen Ausblicke (die Schriftstellerin Susan Cheever drückt es so aus: »Wenn du die 19th Avenue hinauffährst und nach und nach die Brücke vor dir auftaucht, fühlst du dich wie beim Wegfahren aus Paris, wenn die Türme von Chartres ins Sicht kommen.«) und für den gespenstischen Nebel. Frank Lloyd Wright hat es vielleicht am besten in Worte gefasst, als er sagte: »Was ich am meisten an San Francisco mag, ist San Francisco.« Rita Hayworth prägte ein unvergessenes Bonmot, als sie mit gespielter Unschuld bemerkte: »Ich mag es, wie der Wind mir durch den Rock fährt, wenn ich mit dem Cable Car hinauf nach Nob Hill fahre.« Errol Flynn hingegen wurde seinem Image als geheimnisumwitterter Abenteurer gerecht: »Immer wenn ich nach San Francisco komme, sehe ich in einer Nacht bis zu sechs Schlägereien. Auch das macht den Charme dieser Stadt aus.«

Der Flieger und Philosoph Guy Murchie beschrieb einen Nachtflug über die Stadt bei starkem Nebel: »Einmal sah ich San Franzisko durch solch ein gesprenkeltes Tuch zu mir hinaufblinken. Wie das verborgene Herz eines fremden Planeten erschien es mir. Auto- und Straßenlichter jeder Farbe blitzten auf und erloschen in unheimlichem Kontrapunkt-Rhythmus durch Löcher und dünne Stellen des treibenden Nebels. Wäre jemand über Saturn oder Pluto niedergegangen und hätte einen ähnlichen Anblick gehabt, ich könnte mir die Ehrfurcht vorstellen, die er empfände.«

Von San Francisco aus kann man gen Osten zu den Nationalparks Yosemite, Kings Canyon und Sequoia weiterreisen. Die treffendste Beschreibung des Yosemite-Nationalparks stammt vielleicht von Ansel Adams, dem legendären Naturfotografen: »Für mich wird das Yosemite-Tal stets ein Sonnenaufgang sein, ein glitzerndes grünes und goldenes Wunder in einem gewaltigen Bauwerk aus Stein und Raum.«

Oben: Zug der California Ltd. in der Mojave-Wüste, Photochrom, 1905. Die Linie sorgte von 1892 bis 1954 für eine regelmäßige Verbindung zwischen Chicago und Los Angeles. *Rechts:* Gepäckaufkleber des *Californian*, 1936.

Bricht man von San Francisco Richtung Süden auf, führt die Reise durch die sonnenverwöhnten Hügel und entlang der windigen Küsten Kaliforniens. Diese Gegend sucht auf der Erde ihresgleichen, und gewiss wurde keine andere Region je so beharrlich und professionell fotografiert wie Kalifornien. Laut *Inventing the Dream*, einem Buch über kalifornische Geschichte, hielten die Kalifornier den südlichen Teil ihres Staats für ein mediterranes Nordamerika, eine Art Kompendium Griechenlands, Italiens und Südfrankreichs, welches zum kulturellen Zentrum der Nation – und eines Tages der Welt – werden würde. In gewisser Hinsicht ist das vielleicht sogar wahr geworden.

Man kann über den Glamour, den Wohlstand und die schiere körperliche Schönheit von L. A. schreiben, aber niemals so wie Raymond Chandler. Er schrieb, wie es heißt, »wie ein heruntergekommener Engel und verlieh den Straßen im gleißenden Sonnenlicht von Los Angeles einen Hauch von Romantik.«

Nicht ganz so liebevoll äußert sich der amerikanische Journalist Carey McWilliams: »Nach Gottes Plan sollte Südkalifornien nie etwas anderes als Wüste sein … die Menschen haben es zu dem gemacht, was es ist.« Es stimmt, dass Los Angeles ohne die Umleitung des Colorado River und die Zerstörung des Owens Valley (wovon auch in Roman Polanskis Film *Chinatown* die Rede ist) nie existiert hätte. Erst durch diese großartigen Ingenieurleistungen konnte Los Angeles in der brachliegenden Wüstenlandschaft erblühen. Und so kehrten auch Carey McWilliams und all die anderen, welche diese skurrile und schöne Stadt – die zweitgrößte der Vereinigten Staaten – unnötig harsch kritisierten, immer wieder zu ihr zurück.

Von Carey McWilliams ist auch die Geschichte überliefert, wie er seine Liebe zu Los Angeles entdeckte. Eines frühen Morgens saß er (untypischerweise) im Smoking, mit einem Kater kämpfend, am Pershing Square und sah zu, wie das Viertel erwachte: »Es gab nie und es wird niemals einen Ort geben, der mit dieser Stadt der Engel vergleichbar ist. Hier explodieren die Amerikaner wie Lava aus einem Vulkan. Hier war wirklich der richtige Platz für mich – ein Platz am Rande der Zirkusmanege.«

Oben: der Vergnügungspark in Venice, Kalifornien, um 1905.
Als Vignette: Gepäckaufkleber des *Zephyr*, 1935.
Rechts: das Mark-Hopkins-Hotel in San Francisco, 1905.

Oben: Saisonarbeiter bei der Arbeit in den Weinbergen von Fresno in Kalifornien, 1913.
Rechts: Fütterung der Strauße in der Farm von Cawston südlich von Pasadena, Kalifornien, um 1905. Ein Besucher der damaligen Zeit notierte, dass »dieses Geflügel alles verschlingt, was in der Sonne glänzt, Äpfel und Orangen ebenso wie Goldbarren oder Diamanten!«

Das Netz der Northern Pacific Railway ist am Ende eines wunderschönen tiefen Fjords mit dem Ozean zusammengetroffen: dem Puget Sound. Zwei kleine Orte lagen dort, nur wenige Meilen voneinander entfernt; der eine, Seattle, zählte 1500 Einwohner, der andere, Tacoma, 300. Das liegt nun 20 Jahre zurück. Heute ist Seattle eine Stadt mit 300 000 Einwohnern. (...) An dieser Küste, die auf den ersten Blick noch immer so unvermittelt wirkt und wo es nichts gab, entstand alles in einem Stück, die Stadt wie auch die Gesellschaft selbst. (...) In der Stadtmitte steht in Seattle wie in Tacoma ein großes Götterbild und erinnert an das alte Indianerdorf. Wie in den Städten des Nordens gibt es ein dichtes Straßenbahnnetz. Das Stadtzentrum wird vom Geschäftsviertel, von Banken, Läden und Hochhäusern eingenommen. Die Hochhäuser mit 14 Stockwerken, manchmal noch weit mehr, wetteifern miteinander um die Höhe. (...) Weiter draußen, schon in den Ausläufern des Waldes, setzen sich die Alleen ins Endlose fort, gesäumt von kleinen Häusern, aus Holz gebaut und meistens nicht umzäunt.

Maurice Rondet-Saint, 1910

Oben: Rentiere werden in Seattle entladen, rechtes Bild einer Stereofotografie von Benjamin Lloyd Singely, 1898. In Klondike wurde infolge des Goldrauschs von 1897 eine Hungersnot befürchtet. Deshalb beschloss die US-Regierung, 500 Rentiere aus Norwegen zu importieren. Man transportierte die Tiere über den Atlantik, dann per Eisenbahn quer durch das Land zur Westküste und schließlich von dort aus nach Alaska – wo sie bei ihrer Ankunft nicht mehr benötigt wurden.

Rechts: die Second Avenue in Seattle, 1907. In der Durchgangsstraße drängen sich Straßenbahnen, Reklamen und Plakatwände – darunter eine Werbung für Owl Cigars.

Rechte Seite: Das Hotel Sorrento war vor dem Zweiten Weltkrieg eines der elegantesten Hotels Seattles. Nach dem Krieg wurde es durch die Interstate 5 vom Zentrum abgeschnitten. Erst die Errichtung des Freeway Parks über dem Highway brachte dem Sorrento wieder die Anbindung an die Innenstadt. So ist die mehr als 100 Jahre alte Unterkunft bis heute die Grande Dame der Luxushotels in Seattle.

AMERIQUE
MODERNE
This brochure was reproduced from the original printed in 1919. Enjoy it, but please do not remove it. Copies are available at the Registration desk.
HOTEL
Sorrento
"Puget Sound is a Summer Paradise"
City Sound and Mountains from HOTEL SORRENTO Seattle's Exclusive Hostelry
SEATTLE
HOTEL SORRENTO
where Tourist Family and Commercial Guests always enjoy The Best Obtainable at moderate prices

Am 17. Dezember, nachdem sie sich hatten fotografieren lassen, begaben sich die sechs Unerschrockenen inmitten eines großen Zustroms von Leuten, die von der Reklame der Zeitung angelockt worden waren, zum Bahnhof von Seattle. (...) Mit Mühe erreichten sie den Carbon Glacier, indem sie dem Carbon River folgten, wo zwei Mitglieder der Expedition ein eiskaltes Bad nahmen, das wohl ziemlich unangenehm war. Am Weihnachtstag erreichten sie nach mehreren Tagen und Nächten im Gebirge und nachdem sie einen Schneesturm hatten durchstehen müssen, die Höhe von 8000 Fuß (2400 Meter). Aber es gelang ihnen nicht, weiter vorzudringen. Ein unvorhergesehenes Hindernis hatte ihnen den Weg versperrt. (...) Nach diesem Teilerfolg blieb ihnen nichts anderes mehr übrig, als den Rückweg anzutreten.

Anonym, 1895

Links: Zelten im Indian Henry, einer Gegend im Mount-Rainier-Nationalpark, Bundesstaat Washington, um 1915.
Oben links: Wanderer bei einem Wasserfall in der Cascade Range auf dem Weg zum Paradise Valley, einer besonders reizvollen Gegend im Mount-Rainier-Nationalpark, Einzelbild einer Stereofotografie, 1906.
Oben rechts: Wanderer auf dem Pinnacle Peak, dem mit 2000 Metern zweithöchsten Gipfel der Bergkette Tatoosh Range, Einzelbild einer Stereofotografie, 1906. Bemerkenswert ist, dass die Wandergruppe größtenteils aus Frauen besteht.
Rechte Seite: Männer und Frauen beim Erklimmen des Paradise Glacier an der Südostflanke des Mount Rainier, wobei die Frauen deutlich in der Überzahl sind, um 1915.

Am Morgen konnte ich die mächtigen Ausläufer des Kaskadengebirges sehen, dessen nördlichstes Ende am Rande von Kanada mein Berg werden sollte, vierhundert Meilen weiter nördlich (...) Ich wurde auf offener Straße sofort von zwei hartgesottenen jungen Hombres bis kurz vor Junction City mitgenommen, und dann, als ich (...) mich fragte, wie ich jemals nach Portland kommen würde, von Seattle ganz zu schweigen, da nahm mich ein kleiner komischer, hellhaariger Malermeister mit, mit bespritzten Schuhen und vier Halbliterdosen kaltem Bier (...), und schließlich waren wir in Portland, fuhren über riesengroße Ewigkeitsbrücken, die hinter uns hochgezogen wurden, um Schuten mit Kränen drauf durchzulassen, in dem großen, rauchigen, von Waldgebirgen umgebenen Flussstadtbild.

Jack Kerouac, 1956

Links: Auf den Decks der beiden Passagierdampfer in den Schleusen des Cascade Canals drängen sich die Menschen, 1906. Der gut 27 Meter breite und 141 Meter lange Kanal mit Schleusenanlagen war 1896 fertiggestellt worden. Inzwischen beherrschte aber die Eisenbahn den Gütertransport im pazifischen Nordwesten. 1938 wurde die gesamte Anlage geflutet, da sie durch den Bau des Bonneville-Damms überflüssig geworden war. Die Aufnahme zeigt die Dampfer *Bailey Gatzert* (im Hintergrund) und *Charles R. Spencer*. Letzterer wurde 1901 in Betrieb genommen und gehörte dem Schifffahrtsunternehmer Captain E. W. Spencer. Beide Schiffe waren für ihre Schnelligkeit bekannt und lieferten sich auf den Kanälen oft Rennen.
Als Vignette: Gepäckaufkleber der North Western Union Pacific, 1935.
Oben: Willamette River in Portland, Oregon, Panoramafoto von 1908.
Rechte Seite: Dampfschiff auf dem Columbia River in der Nähe des Kaskadengebirges, 1901.
Als Vignette: Deckblatt einer Postkartenserie zum Columbia River Highway, um 1950.

PHOENIX PAINT
W.P. FULLER & COMPANY
STATIONERY
JONES

OLUMBIA
RIVER
Highway
PLACE
STAMP
HERE

Ganz oben: die Timberline Lodge in 1800 Metern Höhe auf dem Mount Hood, Oregon. Roosevelts Work Projects Administration ließ sie 1936–1938 auf dem Hintergrund der Wirtschaftskrise als Arbeitsbeschaffungsmaßnahme bauen. Die Lodge ist bei Skifahrern und Naturfreunden beliebt. Weithin bekannt ist das Gebäude als das »Overlook Hotel« aus dem Film *Shining* von Stanley Kubrick.
Rechts: Faltblatt zur Werbung für die Timberline Lodge, 1941.
Links: Deckel einer Postkartenschachtel aus Oregon, 1950er-Jahre.
Rechte Seite: Zimmer in der Timberline Lodge, um 1940.
Seiten 210/211: Blick auf den Mount Hood in Oregon vom Lost Lake (Verlorener See) aus gesehen, Photochrom, 1900. Das Gebiet des Lost Lake liegt in über 900 Metern Höhe an den Hängen des Mount Hood und steht unter Naturschutz.

Vor zehn Jahren war der Mount Hood ein einsamer Gipfel, unter Reisenden kaum bekannt und – wenn überhaupt – nur über unwegsame Pfade zu erreichen. Heute steht an der Baumgrenze in 1800 Metern Höhe eines der charmantesten Ferienhotels weltweit (...) Erst drei Jahre sind seit der Eröffnung vergangen, und schon gehört die Timberline Lodge zum beliebtesten Urlaubsort des Westens. Unter den sommerlichen Freizeitaktivitäten auf dem Mount Hood findet jeder Gast das Passende. Wanderungen in der Natur, Gletschertouren und der aufregende Aufstieg zum Gipfel des Mount Hood locken Wanderer jeden Alters an. Bei anderen Gäste erfreuen sich Badminton, Gewehr- oder Bogenschießen auf den hauseigenen Plätzen großer Beliebtheit. Gesunde Tage an der frischen Luft, wohlschmeckende Weststaatenküche und gemütliche Kaminabende machen Ihren Urlaub in der Timberline Lodge zu einem unvergesslichen Erlebnis.

Werbeprospekt, 1941

Die Landschaft, wie man sie von den transkontinentalen Eisenbahnlinien aus sieht, die durch die Berge führen, ist im Norden malerischer, wo es unendliche Wälder und glasklare Flüsse gibt. (...) Selbst im hindernisreichsten Teil sind nur wenige Tunnel. Die Strecken verlaufen entlang der Täler und Kämme, erklimmen die Hänge in Serpentinen, umrunden die Zirkustäler in Schlaufen und Spiralen und überqueren die Flüsse auf Viadukten, die sich auf leichten Tragwerken aus dünnen Eisenträgern kühn über das Wasser schwingen. So konnten die Gleise dank der verhältnismäßigen Seltenheit und geringen Dichte der Schneefälle im Freien gebaut werden. (...) Auf den höchsten Gipfeln in der nördlichen Region sind die Gleise mit Schutzschirmen aus Balken und Brettern rechts und links vor dem Schnee geschützt, die dort, wo der Wind stürmisch bläst, manchmal durch ein Dach verbunden sind.

Charles Cestre, 1927

Links: ein Zug der Southern Pacific Railroad im Bahnhof von Shasta Springs, 1905.
Oben: »Mit dem Luxuszug unterwegs von New York zur Versammlung der N. E. L. A. (National Electric Light Association) in Seattle, 1912, Shasta Springs, Calif.« lautet die Bildunterschrift zu diesem Panoramafoto. Die N. E. L. A. nahm im Zuge der wachsenden Elektrifizierung der Vereinigten Staaten die Interessen der Stromindustrie wahr und hatte daher sehr viele begüterte, einflussreiche Mitglieder. Die Versammlungsteilnehmer reisten mit der Bahn nach Seattle und legten einen Halt in Shasta Springs ein – zu jener Zeit ein sehr beliebtes Ziel für die Sommerfrische. In Sichtweite der Haupttrasse der Southern Pacific Railroad, die den Ferienort durchquert, liegen Wasserfälle. Ihr Tosen war vermutlich im Hintergrund zu hören, als diese Aufnahme entstand.
Rechte Seite: der Bau von Schneedächern über den Gleisen der Central Pacific Railroad in den Bergen der Sierra Nevada, Kalifornien, Einzelbild einer Stereofotografie. Die Arbeiten waren Teil der Baumaßnahmen für die transkontinentale Eisenbahntrasse unmittelbar nach dem Bürgerkrieg (1861–1865). In der schneereichen Sierra Nevada waren Schutzdächer für den Eisenbahnbetrieb unabdingbar.

RANGER NATURALIST SERVICE
HEADQUARTERS
LOOMIS MEMORIAL
AT MANZANITA LAKE
LECTURES
HIKES
MOTOR CARAVANS
CAMPFIRE PROGRAMS
INFORMATION
SEASON
LATE JUNE TO MID SEPTEMBE
LASSEN VOLCANIC
NATIONAL PARK
U.S. DEPARTMENT
OF THE INTERIOR
NATIONAL PARK
SERVICE

Wir sind nun im Vulkangebiet angekommen: Der Boden ist mit Bimsstein und Asche bedeckt, und der Fuß sinkt bis zum Knöchel darin ein. So wird es mehrere Tage weitergehen. Dieser zum Kegel abgerundete und zum Eselsrücken verlängerte Gipfel, der das ganze Land überragt, war einst ein mächtiger Vulkan. (...) In der Asche wachsen Tannen, aber kein Gras, außer in den Tälern, den Einschnitten der Buchten und in der Nähe des Wassers. Die in den Lapilli gespeicherte Sonnenhitze verbrennt uns und lässt uns zuweilen glauben, dass der Vulkan darunter noch brodelt. Heißwasserquellen sind übrigens nicht weit entfernt. (...) Auf der anderen Seite des Flusses steht im Schutz eines Felshügels eine verlassene Trapperhütte. (...) Sie ist nach der gewöhnlichen Art der *log cabins* aus übereinandergelegten Baumstämmen gebaut. Sie sind nur an den Ecken ausgeschnitten sind, wo sie sich überkreuzen.

Jean Gontard, 1923

Oben links: Als 1849 die Goldfunde bei Sutter's Mill bekannt wurden, suchte Daniel A. Jenks wie viele andere als Goldsucher sein Glück in Kalifornien. Nach kurzem Aufenthalt zu Hause in Rhode Island brach er 1859 noch einmal ins kalifornische Yreka auf, diesmal mit dem Zug. Er kaufte sich ein Claim und hielt seine Reise in 20 Zeichnungen fest, die er – mit seinem Tagebuch – per Post an seine Schwester in Pawtucket, Rhode Island, schickte. Die hier abgedruckte Zeichnung heißt »Meine Hütte, Long Gulch«.
Oben rechts: Schneefräse der Central Pacific Railroad bei Cisco in Kalifornien, um 1860.
Linke Seite: ein Plakat, das 1938 im Auftrag der Work Projects Administration für den Lassen-Volcanic-Nationalpark entstand. Es zeigt eine Eruption des Lassen Peak, wahrscheinlich in Erinnerung an die Ausbrüche in der Zeit des Ersten Weltkriegs. Die Eindrücke eines Augenzeugen vom 22. Mai 1915: »Schrecklicher Ausbruch. Mit keinem der früheren Ausbrüche zu vergleichen ... die Dampfsäule war über 9000 Meter hoch.«

Der Ausflug zu den Baumriesen, den »Big Trees« von Mariposa, und in das Yosemitithal gehört nicht zu den bequemen Reisen. Aber die Bewohner von Frisko finden seit einiger Zeit Geschmack daran. Wer auf Eleganz Anspruch macht, wer sich selbst achtet, muss die Reise, ich sage nicht, gemacht haben, aber sie machen wollen und diesen mannhaften Entschluss zur Kenntnis seiner Freunde bringen. Ich kenne wenig Leute, die in Yosemiti waren, aber jeder macht die Reise – das nächste Jahr. Von Straßen bestehen dermalen nur einzelne Strecken; eine Eisenbahn nach den Bergwerksdistrikten ist im Bau begriffen. Mittlerweile verkehrt ein öffentlicher Wagen, dessen sich die Bergleute bedienen, regelmäßig zwischen Modesto und Mariposa.

Joseph Alexander von Hübner, 1871

Oben links: das Ahwahnee Hotel mit dem Half Dome im Hintergrund. Das 1927 eröffnete Hotel ist ein typisches Beispiel für den rustikalen Baustil in den Nationalparks. Von dort aus hat man einen herrlichen Blick auf landschaftliche Glanzlichter des Yosemite-Parks: die Yosemite Falls, den Glacier Point sowie den Half Dome.
Oben rechts: »Unser Camp im berühmten Yosemite Valley, in der Nähe der Yosemite Falls« lautet die Bildunterschrift zu dieser Stereofotografie von 1902. Drei Männer und eine Frau speisen an einem Tisch. Bedient werden sie von jemandem, der deutlich weniger elegant gekleidet ist. Im Hintergrund sieht man ein Zelt, Pferde, einen Planwagen und die Wasserfälle.
Links: Das Tabak-Label von 1872 schmückt eine Abbildung des Yosemite Valley mit Wasserfällen und Bergen – damit soll zweifellos betont werden, wie rein und gesund der Yosemite-Tabak ist.
Rechte Seite: Glacier Point und Half Dome, Photochrom von 1899.
Seiten 218/219: Yosemite Valley, 1899. Rechts ist der Bridalveil Fall zu erkennen: Der »Brautschleier-Wasserfall« ist 188 Meter hoch und wird ganzjährig mit Wasser versorgt. Die Ahwahneechee-Indianer nannten ihn *Pohono*, »Geist des aufbrausenden Windes«. Sie glaubten, das Einatmen der Gischt verbessere die Heiratsaussichten.

Es war so angenehm unter dem Geäst des Giant Forest, dass die Karawane, ein wenig erschöpft von den ersten Etappen, drei Tage Rast dort machte. (...) Wir waren nicht allein in dem Riesenwald: Auch furchtlose Kalifornier wissen den Ort zu schätzen. So werden hier jedes Jahr an die 30 Zelte aufgestellt. Kluge Händler haben sogar Holzhütten gebaut, wo sie Brot, Schleckereien, Nippes aus Sequoiaholz und andere Souvenirs von den großen Bäumen feilbieten. (...) Das Licht-Schatten-Spiel in unserem Wald würde einen Maler in Entzücken versetzen. Von den sehr sanften Malventönen des Unterholzes hebt sich auf halber Höhe plötzlich das grelle Grün des Laubs ab, und überall dort, wo es von der Sonne berührt wird, flammt es in den hellen Farben auf. Der mächtige Stamm der Sequoias, der Mammutbäume, wirkt, wenn er ganz im Licht liegt, wie ein Block aus rotem Porphyr oder auch eine riesenhafte, wertvolle Koralle, die zwischen Herrlichkeiten aus Smaragd und Topas eingefasst ist.

Jean Gontard, 1923

Linke Seite: Stämme der mächtigen Mammutbäume in Mariposa Grove, einem Sequoienwald im südlichsten Teil des Yosemite-Nationalparks, bei Wawona, Kalifornien. Den Wald entdeckte man 1857.
Oben: Der *Fallen Monarch* (gefallener Monarch) ist eine gigantische Sequoia, die vor 300 Jahren umstürzte. Das Holz dieser Baumart widersetzt sich dem Verrottungsprozess. Das gestellte Foto wurde 1911 anlässlich eines Familienausflugs nach Mariposa Grove aufgenommen. Der Planwagen links im Bild nimmt sich neben dem Baum wie eine Miniatur aus.

Rechts: der Mammutbaum *Wawona.* Durch seinen Stamm wurde ein Tunnel geschlagen, damit zunächst Pferde und Kutschen, später Automobile hindurchfahren konnten. 1969 stürzte der 2300 Jahre alte Baum um. Ursache war der Tunnel.
Seiten 224/225: Mit dem Flussboot *J. R. McDonald* wagte man sich 1911 bis nach Madera bei Fresno den San Joaquin River hinauf. Es war ein letzter Versuch, die Schiffbarkeit des Flusses unter Beweis zu stellen. Danach gelang keinem anderen Flussboot mehr die Fahrt so weit flussaufwärts.

EAS
J.R.McDONALD.

Am Fuss der hohen Hügel, die sich rings um die Stadt erheben, liegt eine weite Ebene, wo das Feuer nichts hat stehen lassen. (...) Dann, übergangslos, stehen riesengroße, prachtvolle, ganz neue Hotels, daneben andere, einfachere, Gemeinschaftsunterkünfte, die viele Amerikaner zu ihrem Aufenthaltsort erwählt haben. (...) Reiche Geschäfte; etwa das sehr yankeemäßige Emporium, wo dicht nebeneinander die raffiniertesten Toiletten- oder Luxusgegenstände, Zigarren, Blumen, Fleisch und Wurst, Konservendosen und Bücher verkauft werden, daneben ein Frisier-, ein Massagesalon und eine Arztpraxis. Die Sorge um die Kunden wurde so weit getrieben, dass man eine Räumlichkeit mit Kinderspielsachen und einem künstlichen Strand eingerichtet hat, wo die Kleinen Sandkuchen backen, während die Mamas in Frieden einkaufen. Auf einem Hügel über der Stadt zeigt der Fairmont Palace, der bei uns von Grafiken her sehr bekannt ist, seine majestätische Silhouette. Ihn umgeben Ruinen der Milliardärspaläste, die unwiederbringlich dahin sind.

Maurice Rondet-Saint, 1910

Oben: Dank seiner Lage auf dem Nob Hill in San Francisco – wo alle *Cable Cars* der Stadt Halt machen – bietet das Fairmont Hotel einen herrlichen Rundumblick. Es wurde 1907 eröffnet. Ein Jahr zuvor hatten die verheerenden Brände, die einem schrecklichen Erdbeben folgten, einen Großteil der Stadt und auch das ursprüngliche Fairmont Hotel zerstört. Die bekannte Architektin Julia Morgan, die das Castle des Verlegers William Randolph Hearst in San Simeon entworfen hatte, entwarf den neuen majestätischen Hotelbau.
Links: der Speisesaal des neuen Fairmont im Jahre 1907.
Als Vignette: Gepäckaufkleber des Hotels Fairmont.

Unten: der Golden-Gate-Park, 1897. In den 1870er-Jahren eingerichtet, besitzt der Park ein im viktorianischen Stil erbautes Gewächshaus, Conservatory of Flowers genannt, und einen japanischen Teegarten.
Rechte Seite: Das Palace Hotel wurde von den Folgebränden des Erdbebens 1906 vollkommen zerstört und durch ein neues Gebäude am selben Standort ersetzt.
Seiten 226/227: Vor der Skyline von San Francisco ragt die Golden Gate Bridge aus dem Nebel empor. Der Mann, der es wagte, eine Brücke über die unruhigen Gewässer der *Golden Gate*, der Wasserstraße zum Hafen von San Francisco, zu errichten, hieß Joseph Strauss, ein ehrgeiziger, aber verträumter deutsch-amerikanischer Ingenieur und Dichter. Als Diplomarbeit hatte er eine 89 Kilometer lange Eisenbahnbrücke über die Beringstraße entworfen.

Hand in Hand durchwanderten wir die Chinesenstadt, nicht nur die Grant Avenue. Da hat man den Chinesen, als die 1906 zerstörte Stadt wiederaufgebaut war, von den neuen breiten Straßen eine der schönsten hinterlassen. (...) Die Straße mit den Pagodentürmen. In den Schaufenstern lagen elfenbeinerne Rückenkratzer, Teeschalen mit Untertassen als Deckel, Schnupftabaksflaschen aus innen bemaltem Glas, braune Fidibusse für Wasserpfeifen, Vasen Fächer und Gongs, der Götze der Wohlhabenheit, Essstäbchen, porzellanene Speisenträger mit Ösen für den Bambusstab, Siegelringe und Seifenstein und Fische und Walnüsse und Konfekt und Zuckerrohr. Die Besitzer der Läden saßen unter einer holzgeschnitzten, vergoldeten Girlande, eine Rechenmaschine vor sich.

Egon Erwin Kisch, 1928

Oben: Straßenszenen in Chinatown, ein Schreiber und ein Korbhändler, aus: *L'Amérique moderne* von Jules Huret (1911); zwei junge Chinesen, Photochrom, 1902.
Rechts: San Franciscos Chinatown feiert das chinesische Neujahrsfest, ebenfalls aus dem Buch von Jules Huret. Der goldene Drache bildet traditionell den krönenden Abschluss der Parade, die seit den 1860er-Jahren alljährlich abgehalten wird. Mit lauten Knallkörpern wird er stürmisch begrüßt.
Rechte Seite: ein *Cable Car* auf der Market Street. Die Antriebsseile des einzigartigen Straßenbahnsystem San Franciscos verlaufen in unterirdischen Gräben. Der Fahrer einer Kabelbahn bedient zum Anfahren mit einem Hebel eine Spannklaue, die sich um das Antriebsseil legt. Indem er das Seil löst, bringt er die Bahn zum Halten. Diese Technik wurde von Andrew Hallidie 1873 entwickelt und ähnelt der Aufzugstechnik – was angesichts der steilen Hügel San Franciscos nicht verwundert.
Seiten 232/233: Kai in San Francisco, 1894 von Oscar Lange aufgenommen, einem renommierten Fotografen und Landschaftsmaler der Gegend um die San Francisco Bay. Dampf, Nebel und der Pazifikhimmel vereinen sich zu einem ausdrucksstarken Bild, das die Stimmung der längst vergangenen Ära der Großsegler wiedergibt.

MARDI GRAS
HAVANA CIGAR
YORK LIFE INS

ATES

Überall, nicht weit vom Strand entfernt, stehen entzückende spanische Missionen in geschützten Ecken, am Fuß der Berge, fern vom Lärm, inmitten paradiesischer Gärten, in denen es Feigen, Orangen, Pfirsiche und Blumen im Überfluss gibt. Franziskanerbrüder leben hier unter den weißen, kühlen, mit rosafarbenen Dachziegeln gedeckten Klostergewölben. In der Hofmitte steht ein alter Brunnen, in ein Becken aus bemoostem Stein gefasst. Rosen und Geranien klettern an den bröckelnden Ziegelpfeilern hinauf. Sie führen hier noch immer ein Leben wie vor 100 Jahren die Begründer der spanischen und portugiesischen Missionen, die gleichzeitig Kolonisten waren. Man besichtigt die Missionen als die einzigen Überreste aus der Vergangenheit der Neuen Welt.

Jules Huret, 1905

Rechts: Das Photochrom von 1899 zeigt den zwölf Meter hohen Arch Rock des Anapaca Island, das zu den Channel Islands vor der Küste des kalifornischen Ventura County gehört und Teil des heutigen Channel-Islands Nationalparks ist.
Als Vignette: kalifornische Navelorangen, Photochrom von der Jahrhundertwende.
Linke Seite: Franziskanermönche im Garten der Missionsstation von Santa Barbara, Photochrom von 1901. Die Station wurde 1820 nach dem heftigen Erdbeben von Santa Barbara gegründet und besteht bis heute im Wesentlichen unverändert fort. Ziel war die Missionierung der Chumash-Indianer. Weite Teile der Anlage sind ihrer Arbeitsleistung zu verdanken.
Seiten 236/237: das Bath House und der Pier von Long Beach (oben). Die kilometerlange Amüsiermeile entlang der Küste war als *The Pike* bekannt. In Long Beach wurden einige der bahnbrechendsten Fahrgeschäfte des frühen 20. Jahrhunderts entwickelt. *(Unten:)* Strandleben in Long Beach aus der Vogelperspektive, ca. 1905 *(Als Medaillon:)* Myrtle Lind, eine der *Bathing Beauties* in den Filmen von Mack Sennett. Das Foto entstand 1919 mit einer Graflex-Kamera am Strand von Long Beach.

LOS ANGELES

TICKETS

MENU

Hors d'Oeuvres Parisienne
Petite Marmite Henri IV
Celery Salted Almonds Olives
Brook Trout Saute Fines Herbes
Saddle of Spring Lamb.
Fresh String Beans Fleurette
Roman Punch
Filet of Duckling Oregon
Mousseline of Fresh Peas
Potato Souffles
Cold Virginia Ham Glace Mandarin
Salade My Lady
Bombe Victoire
Mignardises
Coffee

Ich torkele das Tal hinunter. Irgendwie ist es sehr kalifornisch. Ich mag die mit Buschwerk bestandenen Hügel, die Bäume mit tief herabhängenden Ästen, die Wüstenkühle. Ich hatte eine duftendere Luft erwartet. Die Sterne strahlen in voller Stärke. Als ich um eine Kurve biege, erhasche ich einen flüchtigen Blick auf die Stadt zu meinen Füßen. Die Beleuchtung ist märchenhafter als in anderen amerikanischen Städten. Das Rot scheint vorzuherrschen. Einige Stunden zuvor, bei Einbruch der Dämmerung, hatte ich einen Blick darauf aus dem Schlafzimmerfenster der Frau auf dem Hügel geworfen. Als ich diese Beleuchtung im Spiegel ihres Toilettentisches betrachtete, war sie mir noch zauberhafter erschienen. Es war, als blicke man aus dem schmalen Fenster eines Verlieses in die Zukunft. (...) Los Angeles vermittelt einem das Gefühl der Zukunft stärker als jede andere Stadt, die ich kenne.

Henry Miller, 1945

Rechts: der einstige Haupteingang des Biltmore Hotel an der Olive Street in Los Angeles, 1940er-Jahre. Der Name Biltmore steht für erste Klasse und Luxus, erinnert er doch an George Vanderbilts Besitz in Asheville, North Carolina. Die Eröffnungsfeier des Biltmore am 1. Oktober 1923 fand im Beisein von mehr als 3 000 geladenen Gästen statt. *Als Vignette:* Gepäckaufkleber. *Unten:* das glamouröse Beverly Hills Hotel in den frühen 1950er-Jahren. *Linke Seite:* Speisekarte des Biltmore Hotel. *Als Vignette:* Etikett für die Weine und Bitterliköre des Weinguts Mercado & Seully aus den 1860er-Jahren.
Seiten 240/241: Dreharbeiten für den Paramount-Film *In Ketten um Kap Horn* von 1946 mit Alan Ladd, Brian Donlevy und William Bendix. Segelschiffe waren ein beliebter Handlungsort für Hollywoodfilme, wie zum Beispiel *Unter Piratenflagge* (mit Errol Flynn, 1935) oder *Meuterei auf der Bounty* (mit Marlon Brando, 1962). Für die Dreharbeiten wurden komplette Schiffe nachgebaut. Bosley Crowther von der *New York Times* schrieb über die Entstehung dieses Films: »Sie mieteten eine Rahsegler-Attrappe an, auf der die meisten Szenen gedreht wurden. Dabei achtete man penibel auf Details wie die neunschwänzige Katze oder Belegnägel.« Am Bug des rechten Beiboots ist der Name des Seglers, *Pilgrim*, zu lesen.

UTH BOSTON
ING COMPANY
OFFICES FITTED UP
BOATS & PRODUCE
SAILS
HARDWARE
CARGO

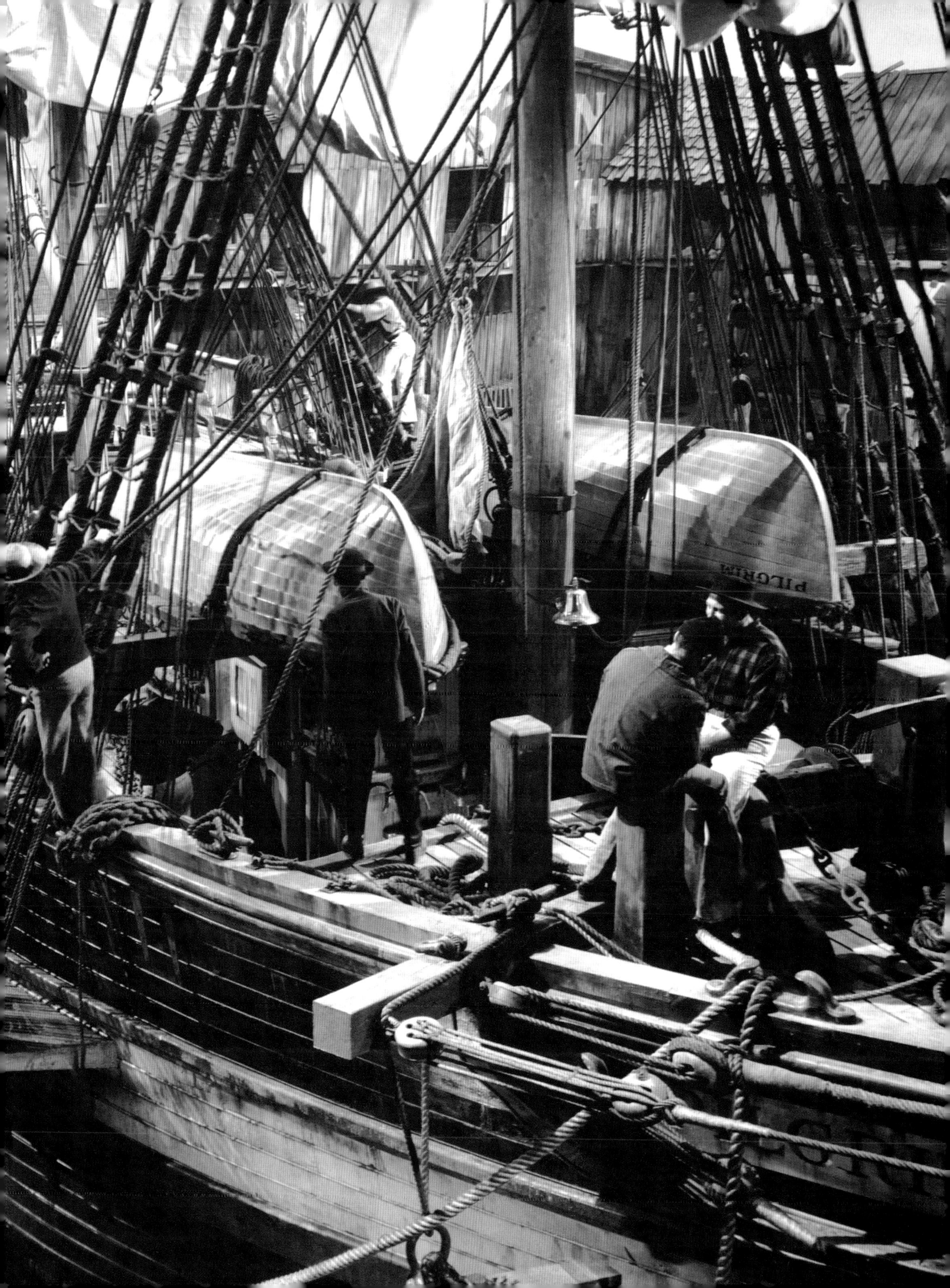
PILGRIM

Er dachte an die Geschichte Kaliforniens, die er soeben gelesen hatte. Der Autor beschrieb die drei Zeitalter dieses Staates: Gold, Erdöl und Film. Zuerst die Goldsucher, dann das Erdöl und jetzt, in Südkalifornien, der Film, Hollywood, die Hauptstadt der Illusion. Michel sah alle Generationen vorüberziehen, die hier nacheinander gelebt hatten, in dem schönen kalifornischen Land und auf dem großen Weg von San Francisco nach Los Angeles und San Diego mit den von Indianern und Spaniern bewohnten Dörfern, den die Padres *El Camino Real*, den Königsweg, nannten. 100 Jahre, 200 Jahre vorher waren all die Straßen von San Francisco eine ländliche Gegend, Mimosenfelder, Eukalyptuswälder. (...) Jetzt waren die Hügel mit Häusern bebaut, und in der Stadt mit ihrem Auf und Ab fuhren Kabelbahnen die Straßen hinauf und hinunter. Die Indianerkanus in der Bucht waren verschwunden. Sie hatten Dreimastern Platz gemacht, die Kap Hoorn umrunden, und Dampfschiffen, die um die Welt fahren.

Édouard Lavergne, 1941

Oben: Auf dem Old Trail von Pasadena ist eine Reitergesellschaft unterwegs zum Mount Wilson. Jahrzehnte später wurde dort die spektakuläre Sternwarte erbaut. *Links:* Fütterung der Alligatoren, Postkarte um 1910. Die Los Angeles Alligator Farm war von ihrer Eröffnung 1907 bis zu ihrer Verlegung fast 50 Jahre später eine der Attraktionen der Stadt. *Oben und rechte Seite:* Die Mount Lowe Railway im Norden von Los Angeles, die auf den Echo Mountain führte, wurde von dem Visionär Thaddeus Lowe und seiner Pasadena & Mount Wilson Railroad Company gebaut. Mangelnde finanzielle Mittel zwangen ihn nach sieben Jahren, die Bahnlinie aufzugeben. Am steilen Great Incline kam eine Standseilbahn zum Einsatz (Photochrom von 1905). Sie stammte von Andrew Hallidie, der auch das Kabelbahnsystem für San Francisco entwickelte. *Seiten 244/245:* der Fotograf Burton Frasher im Badwater-Becken, Death Valley, 1934 – fotografiert von seinem Sohn Burton Frasher jr. Badwater liegt knapp 86 Meter unter dem Meeresspiegel und ist der am tiefsten gelegene Ort der Vereinigten Staaten.

BAD WATER
310 FEET
BELOW SEA LEVEL
LOWEST POINT
IN AMERICA

Am nächsten Morgen macht man sich wieder auf den Weg durch das Tal und sieht, so weit das Auge reicht, Herden. Sie gehören dem schwerreichen Farmer Maxwell Grant, der ein Gebiet von schätzungsweise 1,7 Millionen Morgen besitzt. Der Weg führt durch Watson in der Nähe von Fort Union und wendet sich dann nach Süden bis nach Las Vegas. Dort sind in der Neustadt Cafés, Spielsalons usw. und in der Altstadt Häuser, die zurzeit Karneys in Mode waren, die alte Kirche mit dem Glockenturm, über dem ein Kreuz aufragt, und sogar ein großes vierstöckiges Gebäude. Es wurde von einem Mexikaner gebaut, der sich architektonisch in Boston oder New York hatte inspirieren lassen. Wenn man die Erholung in Las Vegas ausreichend genossen hat, setzt man sich in die Postkutsche, die zur Southern Overland Company fährt.

Bénédict-Henri Révoil, 1884

Oben: Postkarte aus Las Vegas, 1940er-Jahre. Der Cowboy sollte wenig später in Gestalt einer zwölf Meter hohen Neonfigur als »Vegas Vic« zum Wahrzeichen der Stadt werden.
Rechte Seite: Das El Rancho Vegas Hotel war der erste Kasino-Hotel-Komplex dort, wo später der Vegas Strip entstand. Hier präsentieren sich die *George Moro Dancers* im El Rancho Vegas, 1949.
Seiten 248/249: Las Vegas im Jahr 1988: Die spektakuläre Überfülle an Leuchtreklamen findet ein Echo in dem Feuerwerk am Nachthimmel.

Ganz oben: Las Vegas im Jahr 1910 – eine Quelle mitten in der Wüste von Nevada.
Oben: der Jazz-Xylophonist und Bandleader Lionel Hampton im Dunes Hotel, 1956, ein Jahr nach Eröffnung des Hotels.

PIONEER
CLUB
E DEALERS HOLE CARD
BLACKJACK 10¢ ROULETTE
IDEO POKER
MEXICAN FOOD
CASINO

SASSY SALLY'S
FREE PARKING
KENO

Von Los Angeles fährt man nach Catalina Island: Das ist eine Insel mitten im Pazifischen Ozean, drei Schiffsstunden entfernt. Man pflegt dort einen Tag damit zu verbringen, über steile, mit üppigen, seltenen Pflanzen bewachsene Pfade zu spazieren und auf dem endlosen Panorama des Pazifiks große Schiffe vorbeiziehen zu sehen, die nach San Francisco fahren. Am Strand bringen kleine Boote, deren Boden aus Kristall besteht, die Touristen ein Stück in den ruhigen Golf hinaus, damit sie die Unterwasserwelt bewundern können. Durch grünblaue Fluten sieht man Wasserlandschaften vorbeigleiten. Der Bootsführer benennt Pflanzen und Fische und gibt die Tiefe an. Man staunt, man will nicht glauben, was man sieht, man schreit auf. (...) Große Fische in allen Formen erscheinen wie hinter den Scheiben eines Aquariums: Riesenkraken, Löcherkorallen, Seesterne, die an den Felsen hängen. (...) Die Leute beugen sich über das durchsichtige Glas und brechen in Entzücken aus.

Jules Huret, 1905

Oben: die Bathing Parade am Strand Balboa Beach in Orange County, 1925. Der Pier und der Pavillon von Balboa waren Touristenmagneten. Alljährlich fand am 4. Juli eine Parade der Badenixen statt. Mit den weitaus glamouröseren Veranstaltungen in Hollywood oder Beverly Hills konnte Balboa Beach natürlich nicht mithalten, geschweige denn mit denen im Norden oder Nordosten.
Rechts: das Hotel Metropole, das älteste Hotel auf der Insel Santa Catalina, Photochrom von 1901.

Linke Seite: 1958 landete die Band *Four Preps* einen Hit, der mit der Zeile begann: »Twenty-six miles across the sea, Santa Catalina is a-waitin for me ...« Die Erschließung der darin besungenen Insel wurde von William Wrigely jr., dem Begründer des Kaugummi-Imperiums, betrieben. Er ließ dort für zwei Millionen Dollar ein zwölfstöckiges Kasino-Hotel errichten. 1929 war es das höchste Gebäude in Los Angeles County.

SANTA FE WH

NEBRASKAN
NEW YORK

In Los Angeles sagten alle zu mir: »Sie können Kalifornien nicht verlassen, ohne Santa Barbara, Coronado Beach, Monterey, San Diego und Riverside gesehen zu haben. Das sind die modernen Strände des Westens, und wenn Sie nach Europa zurückkehren, ohne sie gesehen zu haben, können Sie nicht sagen, dass Sie Amerika kennen.« (...) Ich fuhr also hin, um mir die südkalifornischen Strände anzusehen. Sie gleichen sich alle mehr oder weniger durch das milde Klima, die Sanftheit der Wellen, die üppige Pflanzenwelt, die Fülle der Blumen, den hohen Preis des Hotellebens und auch durch die Leute, die man dort sieht. In Riverside gibt es märchenhafte Kerzenkakteen, höher als Bäume (...). In San Diego sah ich fast 20 Meter hohe Palmen, die 1769 gepflanzt worden waren. In der Nähe von Santa Monica zeigt man mir eine 16 Kilometer lange Eukalyptusallee.

Jules Huret, 1905

Links: Ein Zug verlässt das gerade eröffnete Hotel del Coronado auf Coronado Island in der San Diego Bay, 1890. San Diego liegt direkt gegenüber Coronado Island auf der anderen Seite der Bucht.
Rechte Seite: das herrliche Hotel del Coronado. Es wurde 1888 erbaut.
Unten: ein Kakteengarten in Riverside, landeinwärts von Los Angeles, Photochrom von 1902.
Seiten 252/253: der Anleger Santa Fe in San Diego, 1910. Manuel Madruga, der Vorsitzende von San Diegos Schiffsbauern, berichtete in seinen Erinnerungen, dass in jener Zeit alljährlich zum 4. Juli eine große Wettfahrt der Fischerboote abgehalten wurde. Die Boote holte man zuvor an Land und schmierte ihren Kiel mit Schuhcreme ein, damit sie schneller durch das Wasser glitten. »Sobald es nach der Wettfahrt am 4. Juli dunkel wurde, banden sie alle Boote, jeweils Bug an Heck, aneinander und ließen sie von dem Schlepper *Santa Fe* durch die Bucht vor dem Santa-Fe-Anleger ziehen. Alle Boote waren mit Lampions geschmückt, die von der Stadt gestellt wurden«, so Madrugas Schilderung aus dem Jahre 1960.

HOTEL DEL CORO
HOTEL DEL
CORONADO

Kanada und Alaska

Von Quebec nach Sitka

Alaska
Yukon
Lac Laberge
Whitehorse
Skagway
Juneau
Sitka
Nordwest-Territorien
Britisch-Kolumbien
Alberta
Hudsonbai
Saskatchewan
Manitoba
Quebec
Jasper
Kamloops
Lake Louise
Banff
Calgary
Victoria
Vancouver
Ontario
Winnipeg
Nipigon
Thunder Bay
Quebec
Oberer See
Sudbury
Montreal
Sault Sainte Marie
Ottawa
Huronsee
USA
Michigan-see
Toronto
Ontariosee

Oben: Château Frontenac (CPR-Hotel), Quebec, 1980er-Jahre.
Oben rechts: Deckblatt eines Prospekts der CPR, 1928.
Rechts: das Empress Hotel (CPR-Anlage) im Hafen von Victoria und der Mount Stephen, zwei Illustrationen aus einem Werbeprospekt der Pacific Coast Tours von 1911.
Seiten 256/257: Horseshoe Falls, Niagara, Photochrom, 1902.

Auf der kanadischen Seite sind die Niagarafälle am spektakulärsten: eine fast 700 Meter breite, schäumende, donnernde Steilwand in Form eines Hufeisens (*Horseshoe Falls*). 1791 kommt als einer der Ersten der Dichter Chateaubriand. Dann Jérôme Bonaparte, der jüngste Bruder Napoleons, der – zusammen mit seiner Frau – die (immer noch lebendige) Tradition der Hochzeitsreise an die Niagara Falls begründet haben soll. Ihnen folgen lauter berühmte Persönlichkeiten und künden in ihren Reiseberichten von dem Naturwunder. »Den Niagara will ich rauschen hören und Niagaralieder singen«, mit diesem Wunsch reist 1832 der Lyriker Nikolaus Lenau nach Amerika. Im April 1842 findet Charles Dickens, der in Buffalo den Zug besteigt, um die Fälle zu bestaunen, bereits touristische Rituale vor. Die kleinen Fähren, die zwischen dem amerikanischen und dem kanadischen Ufer verkehren, geben sich wie heute die größte Mühe, so nahe wie möglich an den Wasserfällen vorbeizufahren, was umso riskanter ist, als diese Fahrten damals (und zwar bis 1846) mit Ruderbooten unternommen werden. Auf der kanadischen Seite startet die Besichtigung am Vorgebirge des Table Rock. Die Tour ist sehr einfach gestaltet, aber alles ist da: die glitschigen, tief in die Felsen gehauenen Treppen und Regenmäntel, die an die Touristen verteilt werden, bevor sie in die feuchten Beobachtungshöhlen unter der apokalyptischen Masse der Fälle eintreten. Nicht zu vergessen natürlich der Touristenguide. Oben auf dem Table Rock hat einer der Guides seine kleine Hütte zum Museum umgebaut: Es gibt Souvenirs, ein Zertifikat, das die Teilnahme an der Besichtigung bescheinigt, man kann sich im Gästebuch eintragen, wo Dickens beim Blättern eine Menge Albernheiten und schlüpfriger Witze entdeckt. Dazu kommt die konsternierende Lektüre der »Gedichte« (Werke des Guides?), die eingerahmt an den Wänden hängen. Und doch steht die Übernutzung des Ortes und von allem, was damit zusammenhängt, erst am Anfang, ist nicht mit dem zu vergleichen, was Oscar Wilde 40 Jahre später vorfindet: »Die gewaltigen Fälle«, so erklärt er, »sind wahrscheinlich eine der frühesten, wenn nicht die größte Enttäuschung im amerikanischen Eheleben.«

Bevor Dickens nach New York weiterreist, verbringt er einige Tage in Kanada. Er besteigt eins der *steamboats* auf dem Ontariosee, macht Halt in Toronto, dann in Kingstown und fährt den Sankt-Lorenz-Strom hinunter, besucht Montreal und Quebec. Die Fahrt begeistert ihn. Aber die Reise ist mühselig: Immer wieder muss man wegen der Stromschnellen, die die Schifffahrt an zahlreichen Stellen unmöglich machen, vom Schiff auf die Postkutsche umsteigen. Die junge kanadische Konföderation – deren Verfassung 1867 vom Parlament in Westminster ratifiziert wird – investiert stark in die Kanalisierung ihrer Schifffahrtswege. Der Franzose Henri de Lamothe, ein großer Reporter bei der Zeitung *Le Temps*, spricht in seinem Reisebericht von 1873 von zahlreichen Ausbaustrecken dieser Art. Wie Dickens schifft er sich auf dem Sankt-Lorenz-Strom ein, jedoch von der Mündung aufwärts, denn, so sagt er, »man kann sich keine prachtvollere Allee vorstellen, um ins Herz der Neuen Welt zu gelangen«. Allerdings muss man die richtige Jahreszeit wählen, denn in den fünf bis sechs Wintermonaten ist der Sankt-Lorenz-Strom für die Schifffahrt gesperrt. Dann gewährleisten die nagelneuen Eisenbahnlinien – darunter vor allem die Grand Trunk Railway – die Verbindung zwischen den Provinzen am Meer und Ontario. In Prescott nimmt Lamothe dann auch den Zug und fährt nach Toronto und später nach Collingwood. Von dort aus nutzt er die regelmäßige Dampfschiffverbindung, die an der kanadischen Seite der Großen Seen bis zum Oberen See hinaufführt. Es

Oben: reitende Sarcee-Indianer in der Prärie von Alberta, um 1900.
Als Vignette: Auschnitt aus einer Werbung für King-Buffalo-Kautabak, 1873.

ist August, das Wetter ist herrlich, die Gesellschaft elegant: Die Sommerkreuzfahrten sind der beliebteste Zeitvertreib der wohlsituierten Bürger Oberkanadas. Vier Tage später geht Lamothe in Thunder Bay an Land. Hier beginnt der zweite Teil seiner Reportage, die ihn in Richtung Osten bis nach Winnipeg führt. Dort ist man, wie er vielleicht ein wenig übertrieben meint, an die »äußerste Grenze der Zivilisation« gekommen. Immerhin gibt es eine Straße von Fort William nach Winnipeg. Der Ingenieur Dawson hat sie 1868 angelegt, dabei ist er dem früheren Weg der hartgesottenen »Voyageurs« im Dienst der Hudson's Bay Company gefolgt. Doch die Bedingungen, das muss man zugeben, sind eher rustikal: Bretterwege über die sumpfigen Böden, ständiger Wechsel des Fortbewegungsmittels von einem See zum anderen, Übernachtungen in *roadhouses* oder im Freien und so weiter bis nach Winnipeg, das Lamothe als »willkürlich verstreute Ansammlung von Bauten aus Holz und Ziegeln« charakterisiert. Und hinter Winnipeg, noch weiter westlich? Nichts. Die Prärie, so weit das Auge reicht, und dann die Rocky Mountains.

Die kanadische Nation existiert damals erst in der Theorie; der Großteil ihrer Bevölkerung lebt im Osten, in den Provinzen Quebec, Ontario, New Brunswick und Nova Scotia. Der Rest entzieht sich fast vollständig der Kontrolle Ottawas. Das 1869 annektierte Manitoba bleibt zum Teil unerforscht. Was Britisch-Kolumbien betrifft, so hätte es beinahe den Werbungen der USA nachgegeben. Den Siedlern der Pazifikküste gibt Premierminister MacDonald ein Versprechen, das er später nur schwer einhalten kann: die rund 4 700 Kilometer lange Eisenbahnstrecke zu bauen, die sie mit dem übrigen Kontinent verbinden soll. Unter dieser Bedingung stimmt Britisch-Kolumbien 1871 dem Anschluss an die Konföderation zu. Aber der Streckenverlauf trifft auf die Rocky Mountains, ein ungeheures Hindernis, und die Investoren sind nicht erpicht, eine Strecke zu finanzieren, die kein Verkehrsaufkommen erkennen lässt und durchs Nirgendwo führt. Schließlich vertraut die Regierung die Bauarbeiten und die Nutzung der Strecke der Canadian Pacific Railway Company (CPR) an. 1881 wird als Generaldirektor ein gewisser Cornelius Van Horne engagiert, ein Mann mit genialen Ideen und Erfahrung im Eisenbahnbau. Am 7. November 1885 werden die Rocky Mountains überwunden, der letzte Schwellennagel auf der Strecke der Canadian Pacific wird eingeschlagen. Nun muss die Bahn, die ein Vermögen verschluckt hat, nur noch rentabel werden. Hierin ist Van Horne Meister: Überall in Europa und Nordamerika beginnen die CPR-Agenturen ihren Werbefeldzug für die Einwanderung und den Kauf der von der Eisenbahngesellschaft angebotenen Ländereien. Auch die Touristenwerbung setzt ein: Plakate und Fotos werden in der ganzen Welt verbreitet, um die Schönheit der Rocky Mountains und den Luxus der Erster-Klasse-Waggons bekannt zu machen, die Van Horne für anspruchsvollste Reisende bereithält (er hat extra Schlafkojen bestellt, die ein wenig länger und breiter sind als die von Pullman hergestellten).

Der erste Passagierzug an die Westküste verlässt Montreal am 28. Juni 1886 um 20 Uhr. Mrs. Ellen Elizabeth Cameron Spragge gehört zu den Teilnehmerinnen dieser Jungfernfahrt. Über ihre Reise schreibt sie das Buch *From Ontario to the Pacific by CPR*. Sie steigt unterwegs zu, in Winnipeg (das allmählich einer Stadt zu gleichen beginnt). Eine Menschenmenge hat sich auf dem Bahnsteig versammelt, um die Ankunft der Transkanadischen Eisenbahn zu bejubeln, und sie muss sich mit den Ellenbogen einen Weg bahnen, um zu ihrem Waggon zu gelangen. Die beiden *sleepers* (Schlafwagen) – darunter der, in dem Mrs. Spragge untergebracht ist – sind luxuriös ausgestattet, mit Türen aus grauem Samt, Intarsien, Kupfer und schwarzem Marmor in den Toiletten. Beide besitzen ein »Aussichtsabteil« mit Panoramafenstern, damit die Reisenden uneingeschränkt in den Genuss des Clous der Reise kommen: der atemberaubenden Landschaften der Rocky Mountains. Doch zunächst einmal ist nur Prärie zu sehen, so weit das Auge reicht, bis nach Calgary. Mrs. Spragge ist nicht die Einzige, die diese Strecke ein wenig eintönig findet. Nichts als weite Grasebenen, in denen man die verschlungenen Fährten erkennt, auf denen früher die Bisons wanderten. 1886 sind alle Herden ausgerottet, und wie Mrs. Spragge bemerkt, ist die Prärie kilometerweit von Schädeln und Knochen übersät, die in der Sonne bleichen.

Um sich im Zug wie auch auf den großen Schiffen die Zeit zu vertreiben, ist Essen die beste Möglichkeit. Das *dining-car* ist wie die *sleepers* komfortabel ausgestattet, die Mahlzeiten sind köstlich. Dies gehört zu den Stärken der CPR. Von Ost nach West, von den Forellen des Sankt-Lorenz-Stroms über das Wild der Prärien bis zum Lachs aus dem Fraser River folgt ein gastronomischer Höhepunkt auf den anderen. Zwei oder drei außergewöhnliche Ereignisse machen die Fahrt durch die Prärie ein wenig spannender. Ein paar Meilen vor Broadview hat die Lokomotive im freien Feld eine Panne. Die Herren nützen die Gelegenheit, sich die Beine zu vertreten, und steigen aus, pflücken Blumensträuße für die Damen – und vertreiben Myriaden von Mücken: Zu dieser Jahreszeit ist die Prärie mit Blumen wie roten Lilien oder Purpursonnenhut übersät. Im Bahnhof von Swift Current kommt ein Indianer auf den Bahnsteig geritten. Viele Passagiere steigen aus, um ihn sich aus der Nähe anzusehen. Je näher man Calgary kommt, desto spürbarer wird die Anwesenheit der Indianer. Endlich tauchen in der Ferne die Rocky Mountains auf. In der Nacht macht sich der Zug an den Aufstieg, gegen zwei Uhr morgens läuft er in den Bahnhof von Banff ein.

Während der Fahrt durch die Rocky Mountains und die Selkirk Mountains steht Mrs. Spragge sehr früh auf. Manchmal um fünf Uhr, um nichts von den atemberaubenden Aussichten zu verpassen, den schattigen Klüften, den Sturzbächen, die der Zug auf Brücken ohne Geländer überquert, den Sonnenstrahlen auf dem Gold der Erlen und Pappeln. Manchmal, an den schwierigen Streckenabschnitten wie dem schwindelerregenden Abstieg von Kicking Horse, hält sie den Atem an, ans Fenster gepresst, und beobachtet, wie sich der Lokführer und der Heizer aus dem Führerhaus lehnen, um das Rangieren zu überwachen.

1886 ist der letzte Bahnhof auf dieser transkontinentalen Reise Port Moody. Ein Jahr darauf wird es von Vancouver entthront. Doch die Reise ist hier noch nicht zu Ende. Die Zugpassagiere wechseln sofort auf die Fähre über, die sie zur eigentlichen Endstation der Strecke bringt: Victoria, der Hauptstadt von Vancouver Island. Manche verbringen zum Vergnügen oder aus geschäftlichen Gründen ein paar Tage in dieser kleinen Stadt im englischen Stil. Andere schiffen sich, zumindest in der warmen Jahreszeit, auf Dampfern nach Alaska ein. Manche Europäer machen sich auf den Weg nach Japan: Dank der Canadian Pacific gelangte man in 15 Tagen von Paris nach Victoria, also spaziert man schon vier Wochen nach dem Verlassen Frankreichs die Uferpromenaden von Yokohoma entlang. Über Marseille und den Suezkanal braucht man zur gleichen Zeit 42 Tage für diese Reise.

Oben: Gepäckaufkleber der Great Northern Railway, 1936.

Oben: Sinclair Canyon an der Strecke Banff-Windermere, aus einem Bildband über die kanadischen Rocky Mountains, um 1900.
Rechts: Werbeplakat der CPR für Alaska und Yukon, um 1920

Morgens wache ich auf, unter mir rollen die Räder. Etwas hat mich geweckt, freundlicher als bisher jeder Tag in Amerika, etwas Helles, Leuchtendes. (...) Den Vorhang auf! Und ich muss die Augen schließen. So blanken Schnee habe ich nie gesehen. So weit der Blick reicht, Schnee, Schnee, Schnee, glatt gestreift in die unendliche Fläche der kanadischen Steppen, blinkend klar in den ersten Strahlen der Sonne, die rot und rund den Horizont emporrollt. Die Luft ist still und klar (...). Manchmal saust der Zug durch einen Wald: die Bäume haben den Schnee sich von den Armen gestreift und strecken sie frei ins Blau, die Füße stecken noch gefangen im weißen Grund. (...) Einmal saust längs der Eisenbahn ein Trupp junger Mädchen auf Skiern heran, und wirklich, bei einem Niederstieg hält er fünf Minuten Schritt mit den gigantischen Riesenmaschinen der Canadian Pacific. Dann schwinden sie ins Ferne, und es geht weiter im stillen Schnee.

Stefan Zweig, 1939

Oben: die Dufferin-Terrasse im Schnee, Quebec, November 1988. Auf dem nordamerikanischen Kontinent ist Quebec nicht die älteste europäische Siedlung. Dieses Privileg wird der Stadt streitig gemacht von St. Augustine, Florida, 1565 von den Spaniern gegründet, und durch die Gründung von Jamestown, Virginia, mit der 1607 die englische Kolonialisierung einsetzt. Groß ist der Abstand nicht, denn Quebec wird 1608 als französischer Posten von Samuel Champlain gegründet. Das hohe Alter der Stadt erklärt teilweise die Faszination, die sie auf den englisch- wie französischsprachigen Reisenden ausübt, da jeder hier seine Wurzeln wiederfindet. Das hat nichts Verwunderliches in einem Staat, dessen offizieller Wahlspruch ab 1883 lautet: *Je me souviens* (Ich erinnere mich). Die wundervolle Lage spricht ebenfalls seit jeher für den Tourismus.

Das »Gibraltar Amerikas«, wie Charles Dickens bei seiner Reise im Jahr 1842 Quebec beschrieb, bietet den schönsten aller Ausblicke – vor allem von der oberen Stadt aus, wenn man über die Dufferin-Terrasse spaziert (die 1838 geschaffen und in den 1870er-Jahren umgestaltet wurde) und auf den Sankt-Lorenz-Strom, sein Südufer, die Île d'Orléans und die Küste von Beaupré blickt.
Rechte Seite: Über der Dufferin-Terrasse erhebt sich das imposante Gebäude des Hotels Château Frontenac, im Winter mit einer Schlittschuhbahn im Vordergrund, 1960.
Seiten 264/265: Rodelbahnen an der Dufferin-Terrasse hinter dem Château Frontenac, Quebec, um 1920. Die Rodelbahnen über dem Sankt-Lorenz-Strom (bis heute eine einzigartige Attraktion) waren früher auf langen, mehr oder weniger stei-len Holzgerüsten gebaut. Wie erzählt wird, sah die örtliche katholische Kirche im 19. Jahrhundert diese Vergnügungen nicht gern, brachten sie doch Jungen und Mädchen auf ungehörige Weise zusammen.

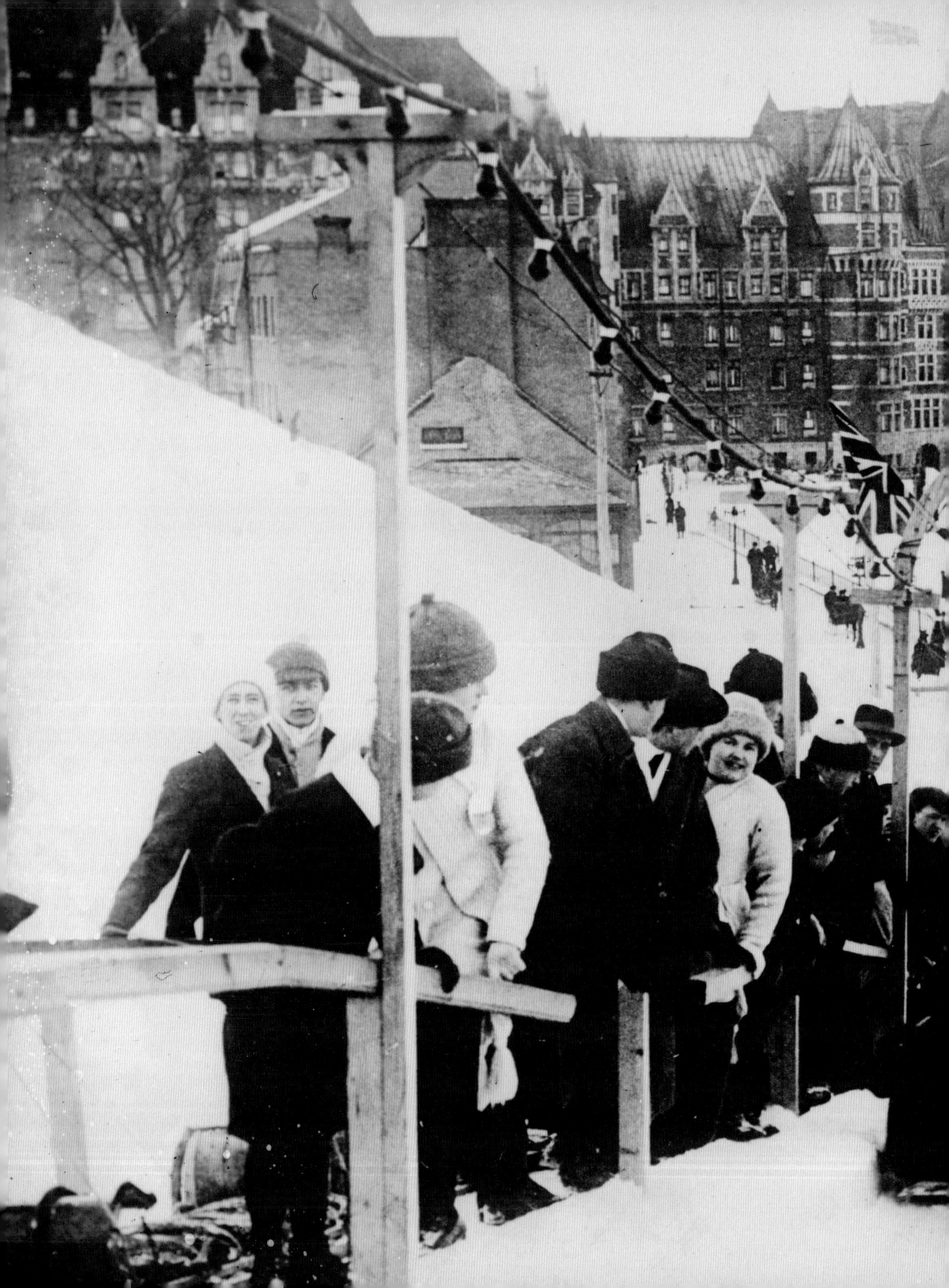

JEWELER

Man glaubt zu Unrecht, dass das Amerika der Pionierzeit nicht mehr existiert. In diesem Land der Kontraste schlechthin ist es nicht nötig, weit zu schweifen, um es in seiner herben Größe wiederzuentdecken: Genau wie zu Zeiten Diérevilles galoppiert der Amerikanische Elch, dieses Ren, das größer ist als ein Maultier, tagelang kreuz und quer über den Schnee. Weitläufige Jagd- und Fischgebiete werden oft von Sportklubs gepachtet, die sich dann mitten in der Wildnis mit dem raffiniertesten Luxus niederlassen. Hotels folgten ihrem Beispiel und richteten sich speziell auf eine solche Kundschaft ein. Bis auf ein paar Kleinigkeiten bei den Speisen ist es kaum möglich, größeren Komfort zu genießen, als einem in diesen hölzernen Palästen geboten wird.

Gaston du Boscq de Beaumont, 1900

Links: Eingangshalle des Hotels Château Montebello, in der das riesige, 27 Meter hohe sechseckige Foyer aufragt, Montebello, 1930. Das Hotel steht auf dem früheren Gebiet der Little-Nation-Algonkin im Flusstal des Outaouais. Zwei Jahrhunderte lang war diese Wasserstraße die Hauptachse für den Pelzhandel. Alle an dem gesetzlichen oder ungesetzlichen Austausch Beteiligten – *coureurs des bois* (Waldläufer) oder ganz einfach *voyageurs* (Reisende) genannt – bewegten sich auf dem Outaouais nach Westen.
Die abenteuerliche Vergangenheit gehört zu den Ingredienzien des kanadischen Urlaubslebens; vor allem in den 1930er-Jahren, in denen weite Räume, Ferien auf dem Land und sportliche Unternehmungen als chic galten. Damals wird das Château Montebello (zunächst als Seigniory, ein privater Klub) gebaut. Für die Monumentalversion der Trapperhütte, einem Kompromiss aus raffiniertem Luxus und rustikalem Komfort, wurde viel Holz benötigt. 10 000 Zedernbalken mussten aus Britisch-Kolumbien herangeschafft werden.
Unten links: Eine elegante Kundin des Seigniory-Klubs probiert Skier an, 1940. Außerdem werden unter anderem auch Jagen, Golf und Schlittenwandern angeboten.
Rechte Seite: Sonnenbad im Park des Seigniory, 1940. 1970 wird aus dem Klub das Château Montebello. Hier fand im Juni 1981 der G7-Gipfel statt, an dem unter anderem Ronald Reagan, Helmut Schmidt und François Mitterrand teilnahmen.

H.R. MAILLOUX
DEPOT-DE
L'HUILE BALMORAL
DeLEAU
1020
JACQUES CARTIER SQUARE, MONTREAL

Montreal ist am Fuss eines Berges erbaut, am Ufer des Sankt-Lorenz-Stroms. Die Straßen wirken sehr eng, wenn man aus den USA kommt; auf einen Franzosen jedoch machen die Gehsteige von Montreal, wie schmal sie auch sein mögen, den Eindruck einer gepflegten Stadt. Die Häuser sind alle aus grauem Stein erbaut, welcher in diesen langen, engen Straßen einen düsteren Anblick verbreitet. Was vor allem einem Fremden ins Auge fällt, ist das Weiß der Dächer, die ganz mit Weißblech gedeckt sind, und die Fensterläden, die mit Blech verkleidet sind, um Brände zu verhüten (...). Der Marktplatz ist eine breite, mit Geschäften gesäumte Straße, in der Waren aller Art versammelt sind. Am höchsten Punkt des Platzes, der mit starkem Gefälle zum Fluss hinabreicht, hat man gegenüber den Kasernen eine schöne Granitsäule dem Andenken Nelsons gewidmet (...). Ich sah einen Markttag in Montreal, und er gleicht ganz und gar einem Jahrmarkt in unseren kleinen französischen Städten: Jongleure, Parfümhändler, Gaukler aller Arten, nichts fehlte.

Théodore Pavie, 1833

Oben: Eisschloss und Spiele im Schnee, Montreal, um 1910.
Oben rechts: Belvedere des Mont-Royal-Parks, Montreal, Ansichtskarte, 1900. Montreal ist nach dem über 230 Meter hohen Hügel mitten in der Stadt benannt: dem Mont Royal. Der hier 1846 angelegte Park ist das Werk Frederick Law Olmsteds, eines berühmten amerikanischen Architekten und Landschaftsgestalters, der auch den New Yorker Central Park schuf.
Rechte Seite: das Hotel an der Place Viger, Montreal, 1915. Nach dem ungeheuren Erfolg mit dem in Quebec gebauten Hotel Château Frontenac wollte die Direktion der Canadian Pacific Railway Company das Experiment in Montreal wiederholen. Man wandte sich erneut an den New Yorker Architekten Bruce Price. Er erhielt den Auftrag, den neuen Bahnhof und das Hotel an der Place Viger zu einem Komplex zusammenzufassen (nach einer in Europa gebräuchlichen, in Kanada bisher noch nicht versuchten Methode). Das 1898 fertiggestellte Gebäude zeigt große Ähnlichkeiten mit dem Château Frontenac. Das elegante Hotel, das vollkommen von der Vorstellung abweicht, die man sich von einem Bahnhofshotel machen könnte, blieb lange einer der beliebtesten Treffpunkte der gehobenen Montrealer Gesellschaft.
Seiten 268/269: der Jacques-Cartier-Platz an einem Markttag; im Hintergrund die 1809 zum Gedenken an Admiral Nelson errichtete Säule, Photochrom von William Henry Jackson, um 1900.

PLACE VIGER
HOTEL

Canadian Pacific Hotels
from ATLANTIC to PACIFIC
A Typical Lodge
Hotel Saskatchewan, Regina
The Pines, Digby, N.S.
Chateau Frontenac, Quebec, Que.
Royal York Hotel, Toronto, Ont.
Lakeside Inn, Yarmouth, N.S.
Algonquin Hotel, St. Andrews, N.B.
Royal Alexandra Hotel, Winnipeg, Man.
Cornwallis Inn, Kentville, N.S.
Hotel Palliser, Calgary, Alta.
Chateau Lake Louise, Lake Louise, Alta.
Operated by the Vancouver Hotel Co. Ltd on behalf of the C.P.R. and C.N.R.
Hotel Vancouver Vancouver B.C.
Emerald Lake Chalet, Emerald Lake (near Field, B.C.)
Empress Hotel, Victoria, B.C.
Banff Springs Hotel, Banff, Alta.

Ich brach am 15. August 1873 von Ottawa auf. Indes wurde ich in der Nacht vor meinem Aufbruch noch mit einem nächtlichen Schauspiel von unbestreitbarem Lokalkolorit beschenkt. Ich meine damit einen Brand, der ein großes Haus, das nur zwei oder drei Blöcke von unserem Hotel entfernt war, vollständig zerstörte. In diesem verteufelten Land brennt immer irgendetwas, ob Häuser oder Wälder. Man macht sich nur schwer eine Vorstellung von der Schnelligkeit, mit der die riesigen Bauten Feuer fangen, die von außen aus Ziegeln und Stein zu sein scheinen wie die unseren, bei denen das Mauerwerk zumeist aber nur eine Verkleidung darstellt, die auf Holzmauern aufgebracht wird. (...) Man kann behaupten, dass Holz, vor allem Nadelholz, beim Bau eines amerikanischen Hauses in zwei- bis dreimal höherem Anteil verwendet wird als bei einem Pariser Gebäude gleicher Größe.

Henri de Lamothe, 1879

Die einzige echte »Attraktion« ist das riesige Parlamentsgebäude: Über und über mit neogotischen Verzierungen geschmückt und mit Kupfer gedeckt, macht es viel von sich reden. Nach dem Brand von 1916 wird das Gebäude in weiten Teilen wieder aufgebaut.

Links: das Hotel von Belleville an der Bay of Quinte (Nordufer des Ontariosees), 1913, und ein Prospekt des Hotels Lord Elgin, Ottawa, 1940er-Jahre.

Linke Seite: Werbung für die Hotels der CPR, 1938.

Als Faksimile: Touristenbroschüre der CPR, 1930er-Jahre.

Die Menschen in Toronto erklärten mir (...), dass »Toronto der englischste Ort außerhalb Englands ist«. (...) Die Hauptdurchgangsstraße, King Street, ist zwei Meilen lang, und die Trottoirs sind gesäumt von hübschen Geschäften. In den Vororten Torontos liegen unzählige Villen, umgeben von Gärten oder Buschwerk. Die Menschen eilen nicht in übertriebener Hast durch die Straßen, doch auch Müßiggänger sind nicht zu sehen. Exzentrische Haarmoden sind gleichfalls verschwunden. Nur noch selten sieht man Bärte, und der Schnurrbart wird nicht mehr als obligatorisches Zierwerk erachtet. Das welke, vergrämte Aussehen der amerikanischen Damen ist dem strahlenden Teint, den Lachgrübchen und dem energischen, elastischen Gang gewichen, Merkmalen, die so außerordentlich englisch sind. Wenn man durch die Straßen geht, lässt tatsächlich nichts darauf schließen, dass man nicht in England ist. Und als bedürfe die Illusion noch der Vervollkommnung, finden sich auch jene untrüglichen Wahrzeichen britischer Zivilisation – ein Gefängnis und ein Irrenhaus.

Isabella Bird, 1856

Oben und links: Speisesaal des Royal York Hotel in Toronto, 1950er-Jahre, und Prospekt desselben Hotels, 1938. Nach dem Sezessionskrieg (1861/65) führen die industrielle Entwicklung im amerikanischen Teil der Region der Großen Seen, der Bau von Kanälen und Eisenbahnstrecken sowie eine stetige Einwanderung zum wirtschaftlichen Aufschwung Ontarios und vor allem Torontos. In den 1920er-Jahren richtet sich die Stadt – inzwischen zur Hauptstadt von Industrie und Finanzwelt geworden – in einem Klima der Euphorie ein, das scheinbar durch nichts getrübt werden kann. Im August 1927 kommt der Prinz von Wales nach Toronto, um die Union Station einzuweihen, damals der größte Bahnhof Kanadas und auch der luxuriöseste. Am 11. Juni 1929 wird auf der anderen Straßenseite ebenso prunkvoll das Royal York eröffnet. Durch eine private Unterführung gelangt man von dem Hotel, damals das größte im ganzen britischen Empire, direkt zum Bahnhof. Nur wenige Monate später sieht man das Personal des Royal York auf der Suche nach möglichen Kunden die Stadt durchstreifen – der Börsencrash hat die Welt verändert. *Rechte Seite:* der Eingang des Royal York, Toronto, 1930.

ROYAL YORK HOTEL
ROYAL YORK HOTEL

Der Zug nach Westen kommt gegen sechs Uhr abends durch Winnipeg; der Wartesaal ist vollgestopft mit Reisenden, deren Schultern durch Pelze verbreitert werden. Einer nach dem anderen kommen sie herein und schütteln dabei auf der Schwelle das weiße Pulver ab, mit dem sie bedeckt sind; Mischlingsfamilien mit dick eingepackten kleinen Kindern holen sich in der Nähe des rot glühenden Ofens einen Vorrat an Wärme. Draußen, im Lichtkreis der elektrischen Lampen, tanzt der Schnee; er fällt stäubend … ein feiner Regen aus sternförmigen Pailletten (…)! Der immer dicker werdende weiche Teppich schmückt sich mit Abermillionen Brillanten! Die große Glocke ruft mit wiederholten Schlägen; der Boden erzittert. Und mit einem scharfen Pfeifen gleitet der Zug an den Bahnsteig heran; er hält fauchend wie ein Drache (…); er ist ganz mit Schnee umhüllt; eine schwere Girlande aus Stalaktiten säumt ihn. In seinem gemütlich warmen Leib werden wir unseren Weg bis ans ferne Ufer fortsetzen.

Madame Hélie, 1897

F O R T   W I L L I A M

B R A N D O N

W I N N I P E G

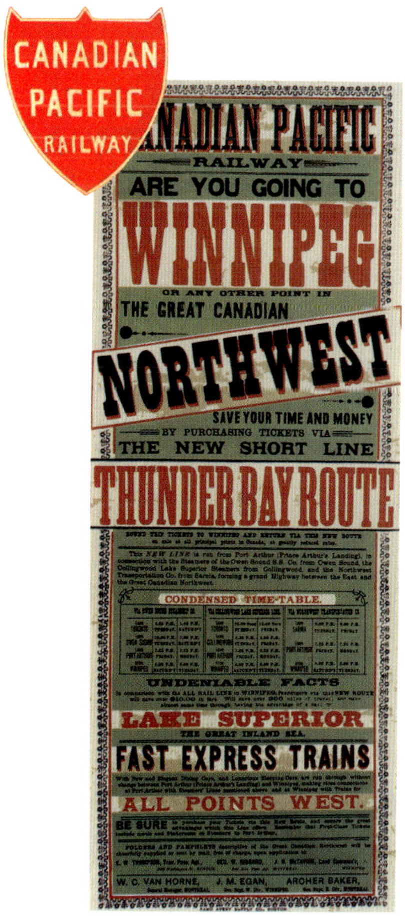

Oben: Bahnhof der Canadian Pacific, Brandon, Manitoba, Ansichtskarte, 1908.
Links: Fahrplan für die Anschlüsse zwischen den Zügen und Dampfern der CPR, 1880er-Jahre. Solange die transkontinentale Eisenbahn noch nicht in Betrieb ist, sorgen Dampfschiffe auf einem Teil der Ost-West-Strecke für regelmäßige Verbindungen: zwischen Owen Sound (am Ontariosee) und Thunder Bay (am Westufer des Oberen Sees).
Linke Seite: hölzerne Schneeschuhe im historischen Park von Fort William, der an der Stelle des ehemaligen Pelzhandelspostens angelegt wurde, Thunder Bay, Ontario, 2006. In den 1880er-Jahren ist Fort William (das zur benachbarten Stadt Port Arthur gehört) Abfahrts- und Ankunftspunkt für die Dampfer der CPR.
Seiten 276/277: Innenansicht eines Bungalows im Camp am Nipigon River, Ontario, 1920er-Jahre. Nach dem Ersten Weltkrieg führt die CPR – in den Rocky Mountains – ein neues Konzept der Unterbringung ein: das *bungalow camp*. Da es weniger kostenaufwendig ist als der Aufenthalt in einem Luxushotel, findet es großen Anklang. Die Touristen sind in traditionellen Holzhütten untergebracht und finden alles, was sie brauchen, vor Ort, unter anderem ein Restaurant. Für die Liebhaber von Fischfang und Jagd tut die CPR 1923 in Ontario ein Gleiches.

CALGARY'S
FINEST
RATES
$2.50
UP

A CANADIAN PACIFIC HOTEL
HOTEL PALLISER
COFFEE SHOP AT POPULAR PRICES..

Allein auf der kleinen Aussenplattform, mit Volldampf auf den stets fliehenden Horizont zugetragen, träume ich. Weiter vorn werden wir die Rocky Mountains erklimmen, dann werden wir die Regenwälder von Vancouver Island und den Pazifik mit seinen dunklen Wellen sehen (...). Die Sonne senkte sich über die unwandelbare Ruhe der weiten Räume. Gegen neun Uhr hielt der Zug; wir fühlten uns etwas erschöpft. Plötzlich rief meine Schwester aus: »Oh! Oh! ... wir sind ja von Rothäuten umringt!« Ich presste meine Stirn an die Scheibe. Und tatsächlich, sie waren da, etwa 20 an der Zahl, ausgerüstet mit Hörnern, Häuten und Tomahawks, welche die Reisenden ihnen gern abkauften. (...) Ich wurde von einem starken Verlangen ergriffen, mich ihnen zu nähern. Mein Schwager war im Rauchsalon, und mir kamen Zweifel, ob ich gehen und ihn in diesem Heiligtum belästigen sollte: Die Versuchung siegte. »Geh!«, sagte er zu mir. Sogleich nahm ich meinen Pelzmantel (...) und sprang hinaus.

Madame Hélie, 1897

Rechts oben: Album von den kanadischen Rocky Mountains mit dem Lake Louise (Alberta) auf dem Umschlag, um 1900.
Rechts unten: Sonderzug der Canadian Pacific, der für den Fotografen William McFarlane Notman reserviert war, 1880er-Jahre. Um für die wundervollen Landschaften zu werben, die die Canadian Pacific durchquerte, vor allem in den Rocky Mountains, wandte sich die CPR an talentierte Fotografen, die Fotos von der in Bau befindlichen Strecke sowie den umliegenden Orten machen sollten. William McFarlane Notmans Reportage erwies sich 1884 als so nützlich für die Touristikwerbung, dass man dem Fotografen daraufhin (bei seinen Reportagen 1887 und 1889) einen Privatwaggon zur Verfügung stellte, der mit einer Dunkelkammer ausgestattet war.
Als Vignette: in Victoria abgestempelte Briefmarken, Britisch-Kolumbien, 1988.
Linke Seite: Blick auf den Mount Assiniboine, der wegen der ähnlichen Form oft auch als »Matterhorn der kanadischen Rocky Mountains« bezeichnet wird, Photochrom um 1900.
Seiten 280/281: Straßenwerbung des Hotels Palliser (1914 gegründet), Calgary, 1930er-Jahre.

DAS HOCHKOMFORTABLE UND SOGAR LUXURIÖSE HOTEL BANFF ist auf einer Erhebung erbaut, in entzückender Lage. Unsere erste Sorge bei der Ankunft war es, uns einen Wagen zu sichern, der uns für acht Dollar den ganzen Tag zur Verfügung stehen soll. Wir haben unsere Zeit gut genutzt. Zunächst ein dreistündiger Ausflug an den Lake Minnewaska durch eine hügelige Gegend mitten in einem wundervollen Wald, der bedauerlicherweise vom Feuer verwüstet ist. (...) Nach dem Lunch ein Ausflug zu den Schwefelquellen, die am Osthang des Mount Stephen in verschiedenen Höhenlagen entspringen; ein Besuch der Badeanstalt, dann ein langer Spaziergang am Ufer des Flusses; ein köstliches Bad bei der Temperatur von 33 Grad in einem natürlichen Schwimmbecken (...). Nach dem Dinner (...) beenden wir diesen interessanten Tag auf der Hotelterrasse vor einem der schönsten Aussichtspunkte, die man sich vorstellen kann.

Edmond Cotteau, 1891

Oben links: Garderobe im ersten Gebäude des 1888 eröffneten Banff Springs Hotels, Banff, 1890er-Jahre. Die Vertäfelungen dieses Saals waren aus lackiertem Redwood.
Oben rechts: Werbeplakat für die *Indian Days* in Banff, um 1930. Die örtlichen Indianervölker waren – unter dem Zepter der CPR – bald dazu bereit, sich die Faszination, die sie auf Touristen ausübten, nützlich zu machen. Jedes Jahr fanden Folklorefeste statt, bei denen sich die tapferen Männer für Scheinkämpfe zur Verfügung stellten. Ihre Squaws boten den Touristen handgefertigte Kleinigkeiten feil.
Rechte Seite: zwei Schweizer Bergführer, von der CPR angestellt, um die (im Hintergrund zu sehenden) Wanderer des Banff Springs zu begleiten, 1915.
Seiten 284/285: Luftaufnahme des Banff Springs Hotel und seiner Umgebung. Dieses CPR-Hotel war von 1902 bis 1928 ständig in Bau; dann trat ein neues Gebäude im Stil eines schottischen Landsitzes mit 600 Zimmern an die Stelle des alten.
Seiten 288/289: Blick auf den Bow River von einem Zimmer des Banff Springs Hotel aus, November 1988.

Es ist sechs Uhr abends (...). Ein Geräusch eiliger Schritte dringt an mein Ohr; das Rollen der Wagen klingt dumpf über dem Kies, und ich höre laute Stimmen, die sich in den langen Gängen des Hotels brechen und tausendfach widerhallen. Neue Gäste sind angekommen; ich eile hinzu, um sie zu sehen; es sind 40 bis 50, fast alles Frauen und Mädchen; das ist eintönig und entzückend. Wir vom hässlichen Geschlecht sind nicht viele genug, um Zerstreuung zu bieten, aber immer noch zu viele für das Wohlgefallen dieser Damen. Was gibt es Reservierteres, Zurückhaltenderes, Exklusiveres als eine Engländerin auf Reisen? Sie sind wie eine Mauer mit dreifacher Umfassung; man nähert sich ihr mit größter Feierlichkeit (...), und wenn man sich ihr nicht nähert, umso besser! Es ist schon ziemlich kalt, auch ohne dass man hingeht und an den blassen Schönheiten gefriert, deren Worte wie Schneeflocken fallen. Heute Abend sind es Frauen aus Oberkanada; morgen erwartet man viele Südamerikanerinnen – oh, morgen ist der große Tag.

Arthur Buies, 1873

Oben rechts: »Chalet« am Lake Louise (Alberta), um 1915. Es dauerte Jahre, bis das Chalet am Lake Louise wie sein berühmter Nachbar in Banff den Namen »Château« verdiente. 1882 hatte einer der Führer, die mit der Überwachung der Bauarbeiten der Canadian Pacific beauftragt waren, den wundervollen Lake Louise entdeckt. Er lag nicht in unmittelbarer Nähe der Eisenbahnstrecke, so dass sich die CPR damit begnügte, dort 1890 eine Hütte zur Unterbringung der aus Banff kommenden Wanderer zu errichten. Bereits 1819 muss von der Hauptstrecke aus eine Nebenlinie gebaut werden. Zwei Jahre später tritt ein neues Chalet an die Stelle des ersten, für den Besucherstrom ist es noch immer zu klein. Ein neues Gebäude wird 1899 entworfen, und der Architekt W. S. Painter fügt 1913 noch einen Flügel aus Beton an. Dieser Flügel, der den Brand von 1924 überstand, ist heute der älteste Teil des Château Lake Louise.
Oben links: Werbeplakat für das Château Lake Louise, 1938.
Linke Seite: Werbefoto der CPR, Château Lake Louise, 1930er-Jahre.

Ungefähr auf halber Strecke den Berg hinunter erstreckt sich ein schönes Tal, das von der nördlichen Gabelung des Kicking Horse River gebildet wird. Blaue Wäldchen gehen in purpurne Wälder über, die wiederum in einem Amphitheater erhabener Berge auslaufen, in deren Gipfeln sich die morgendlichen Sonnenstrahlen verfangen und sie in regenbogenfarbenen Streifen erstrahlen lassen, während darunter alles in Nebel und Schatten liegt. Bald war das untere Ende der steilen Passage erreicht, wo der Fluss, der durch hinzufließende Bäche an Kraft gewinnt, ein breites, flaches, außerordentlich lehmiges Bett geschaffen hat und sich in mehreren Rinnen darin ergießt. Das Gewässer ist bei Field, wo wir zum Frühstück haltmachten, durchquerbar. Es gab keinen Speisewagen (er war in der vorhergehenden Nacht nach dem Abendessen entfernt worden, um zusätzliches Gewicht den Kicking Horse Pass hinunter zu vermeiden. Für das Mittagessen sollte ein neuer Waggon angehängt werden).

Ellen Elizabeth Cameron Spragge, 1887

Oben und rechte Seite: Emerald Lake und Twin Falls, zwei bedeutende Stätten des 1886 gegründeten Yoho-Nationalparks am Westhang der Rocky Mountains, um 1900. Es heißt, dass »Yoho« von einem Ausruf der Cree-Indianersprache kommt, der Staunen ausdrückt. Die touristische Öffnung dieser sehenswerten Region erfolgte in den 1920er-Jahren durch den Bau von Zugangsstraßen. Bis dahin war sie von der kanadischen Regierung, die ihre Nationalparks nur ungern für die Autos freigeben wollte, gesperrt worden.

Seiten 292/293: das Mount Stephen House mit dem Mount Stephen im Hintergrund, Field, Photochrom um 1900. Dieses 1886 erbaute Gebäude ist die erste *dining-station*, die die CPR im Gebirge einrichten ließ. Zunächst eine einfache Raststätte, zieht das um 1900 vergrößerte Mount Stephen House dann so viele Gäste an, dass dort angeblich ein und dasselbe Zimmer während eines einzigen Aufenthalts bis zu viermal vermietet werden konnte: Es brauchten nur drei Zimmerbewohner auf Wanderungen unterwegs zu sein, damit ein vierter die Örtlichkeit nutzen konnte!

SELKIRK MOUNTAINS

Oben: Blick auf den Mount Sir Donald vom Mount Abbott aus, Selkirk Mountains, Photochrom, um 1900. Die Selkirk Mountains, die von dem berühmten Rogers-Pass durchzogen werden (1881 von Major A. B. Rogers entdeckt), waren das letzte Hindernis für die Fertigstellung der transkontinentalen Eisenbahnlinie. Aber kaum hatte man diese fast undurchdringliche Mauer überwunden, tauchten große Schwierigkeiten auf. Die Beobachtungstrupps der CPR, die im Winter 1885/86 in die Selkirk Mountains entsandt worden waren, berichteten von unzähligen Lawinen, bei denen die Gleise manchmal unter einer mehr als zehn Meter dicken Schneeschicht verschwanden. Die CPR griff auf eine Technik zurück, die in den USA bei der Central Pacific Railway in Gebrauch war. Dabei wurde das Gleis überall dort mit Lawinendächern versehen, wo man Schneerutsche oder -verwehungen befürchtete. Ende 1886 sorgten rund 30 solcher Bauwerke auf einer Strecke von über acht Kilometern für freie Fahrt und Sicherheit. Allerdings entgingen den Reisenden dadurch acht Kilometer märchenhafter Landschaft, so auch der Panoramablick auf Illecillewaet Valley, der allein schon die Reise wert war. Daher baute man parallel zu den überdachten Passagen eine zweite – freiliegende – Strecke, damit die Touristen wenigstens im Sommer die Landschaft genießen konnten.

Als Vignette: Werbung für die Canadian Pacific, 1890er-Jahre. Für die Durchquerung der Rocky Mountains mussten sehr kühne Holzbrücken gebaut werden. Auf dem Umschlag dieser Bändchens sieht man die berühmte Stoney Creek Bridge in den Selkirk Mountains.

Rechte Seite: Gletscherspalte am Illecillewaet, Selkirk Mountains, Photochrom, um 1900.

In Donald spannt man eine zweite Lokomotive vor, denn auf der anderen Seite des Columbia River, den wir binnen kurzem überqueren werden, erhebt sich parallel zur großen Gebirgskette der kleinere Gebirgszug, die Selkirk Mountains. Sie sind nicht ganz so hoch, aber nicht weniger malerisch als die eigentlichen Rocky Mountains. Der Aufstieg beginnt bald. Die Eisenbahnstrecke wendet sich nach links und steigt rasch durch einen prächtigen Wald das Tal des Beaver hinauf. Hier steht Sir Donald, der höchste Gipfel der Selkirks (3244 Meter), mit seinem Firn und seinen großen Gletschern, die sich in die umgebenden Täler ergießen. Andere Gipfel folgen. Tiefe Schluchten werden auf Holzbrücken überquert; eine dieser Brücken führt über einen rauchenden Wasserfall; eine andere, die größte von allen, überquert auf 90 Metern über dem Gebirgsfluss den Stoney Creek. Weiter hinten ist die Schlucht so verengt, dass sich die Eisenbahn im nackten Gestein einen Weg bahnen musste und auf einer Strecke von zwei Kilometern dicht neben unerforschlich tiefen Abgründen und beinahe senkrechten Wänden verläuft.

Edmond Cotteau, 1891

Um ein Uhr erreichten wir Glacier House in der Nähe des gleichnamigen Bahnhofs, drei Meilen westlich von dem höchsten Gipfel der Selkirks entfernt. Es handelt sich um ein kunstvolles Gebäude, ein wenig im Stil eines Schweizer Chalets. Es wurde von der Eisenbahngesellschaft C.P.R. gebaut, um vielen als Sommerhotel von nun an erstmals die Möglichkeit zu geben, in den Genuss echter kanadischer Bergluft zu kommen. Man hätte keinen reizenderen Platz hierfür wählen können: Das Hotel gewährt den Blick über ein wahres – doch sehr umkämpftes – Meer majestätischer Berge. Die Gipfel des Mount Carroll, Mount Sir Donald und Mount Hermit sind in Sichtweite, während eine Meile vom Hotel entfernt ein weitläufiger Gletscher liegt, ein See aus grünem, glitzerndem Eis. Sowohl Bären als auch Elche waren letzten Sommer in der Nähe anzutreffen, eine Attraktion für Jäger auf der Suche nach Großwild.

Ellen Elizabeth Cameron Spragge, 1887

Rechts: Ausflug und Picknick in der Umgebung von Glacier House (einer 1887 eröffneten *dining-station*), Foto der Familie Vaux, um 1900.
Rechts unten: Werbeprospekt der CPR, um 1925.
Linke Seite: Express am Bahnhof von Glacier (am Fuß des Illecillewaet-Gletschers) mit dem Glacier House, Foto von William McFarlane Notman, um 1880. In den *dining-stations* nach der Art von Glacier House hing der Service eng mit den Fahrplänen der Linie zusammen. In der ersten Zeit machte das geringste unvorhergesehene Ereignis – etwa die gleichzeitige Ankunft des Zuges von Osten und desjenigen von Westen – aus dem angenehmen Zwischenstopp einen Albtraum. Die überzähligen Passagiere drängten sich in den Speisesälen und warteten vergeblich darauf, dass sie bedient wurden. Dann stürzten sie beim leisesten Knirschen einer Achse zum Ausgang, weil sie Angst hatten, der Zug könnte ohne sie abfahren. Man bat die Angestellten in Rundschreiben, den Reisenden zu versichern, dass sie auf keinen Fall mitten im Gebirge und mit leerem Magen auf dem Bahnsteig stehen bleiben würden.
Seiten 300/301: Kundinnen an der Rezeption des Hotels Sicamous (1893 von der CPR am Ufer des Shuswap Lake erbaut), Britisch-Kolumbien, 1920er-Jahre.

SHUSWAP LAKE
BOAT LIVERY

Le Caribou.

Chasse. — Parmi le gros gibier canadien, il faut compter l'Orignal, l'Ours gris, le Mouflon, la Chèvre-Antilope, le Caribou, quatre variétés de Cerfs.

L'Orignal.

Le Mouflon.

Wir brechen zu viert zum Klondike auf (...). Wir schiffen uns auf der *Queen* ein; sie ist einer der besten Dampfer der Flotte und kann rund 600 Passagiere befördern, dabei brauche ich nicht zu erwähnen, dass diese Zahl bald überschritten ist. An Bord spricht man nur von Goldklumpen und Goldstaub; selbstverständlich ist dies momentan das einzige Gesprächsthema. (...) Wir machen in Victoria Halt, der Hauptstadt von Britisch-Kolumbien, einer Stadt mit 30 000 Einwohnern, die am Südende von Vancouver Island liegt und die Juan-de-Fuca-Straße beherrscht. Es ist eine englische, stille und ernsthafte Stadt mit Häusern zu einem, zwei oder höchstens drei Stockwerken, in einer außergewöhnlichen Lage mit dem Blick über die Bucht mit den immer schneebedeckten Gipfeln der Olympic Mountains auf der anderen Seite. (...) In Victoria muss man sich die Schürfrechte besorgen.

Léon Boillot, 1899

Oben: Ankunft im Hafen von Victoria, wo das Gebäude des Empress Hotel aufragt, Vancouver Island, um 1930. Mit Erstaunen berichtet 1887 der Berliner Toxikologe Louis Lewin, der die Eisenbahnreise quer durch den Kontinent ein Jahr nach der Streckeneröffnung unternimmt, von der Stadt: »Mitten an dem Kreuzungspunkt mancher Straßen erheben sich drei bis vier Stockwerk hohe Mastbäume, die sechs bis acht elektrische Lampen, zirkulär angeordnet, tragen. Allenthalben trifft man auf ein- oder zweisitzige Wagen, die meist von Damen allein kutschiert werden. Man glaubt, alle diese Menschen seien nur zum Genießen der herrlichen Natur vorhanden, und die Sorgen des täglichen Lebens lägen ihnen so fern, wie es bei Adam und Eva im Paradies der Fall war.«
Linke Seite, von oben nach unten: Bahnhof der CPR, Vancouver, um 1920; Doppelseite eines Bildbands, der 1930 von den Canadian National Railways herausgegeben wurde (die 1918 aus der Verstaatlichung aller kanadischen Eisenbahnlinien außer der Canadian Pacific hervorging); am Bildrand Blick auf den Stanley-Park. Er wurde 1889 in Vancouver in einem geschützten Waldgebiet eingerichtet und ist mit Zedern und riesigen Douglastannen bestanden.

Oben: Taku-Gletscher, Alaska, 1914. Um 1900 dauern die Sommerkreuzfahrten an der Küste Alaskas entlang hin und zurück rund zehn Tage. Ungefähr drei Tage nach dem Ablegen im Hafen von Victoria passieren die Dampfer vorsichtig die Wrangell Narrows, eine lang gezogene, einige 100 Meter breite Meerenge, die zwischen zwei Gebirgsketten eingezwängt liegt. Beim Verlassen dieser Fahrrinne, wo man geräuschvoll Wale blasen hört, erblicken die Passagiere die ersten Eisberge. Am Morgen des vierten Tages geht es an die Besteigung des Taku-Gletschers.
Links: Eisberge, Alaska, 1899.
Seiten 304/305: die *Bear* und die *Corwin*, berühmte Schiffe der amerikanischen Küstenwache, umgeben von Eisbergen, Alaska, 1900–1920. Die beiden Schiffe fuhren von Ende April bis Oktober Patrouille, um für die Einhaltung der Gesetze zu Robbenjagd und Fischfang zu sorgen.

So weit das Auge reicht, ist das Meer mit Treibeis bedeckt; vor uns fällt der 800 Meter lange Taku-Gletscher steil ins Meer ab und wendet uns eine senkrechte Front von 80 bis 100 Metern Höhe zu. Die *Queen* nimmt Eis an Bord. Fünf Männer, die in ein Boot gestiegen sind, zurren die Blöcke fest. Sie werden an Deck gezogen und tief in den Laderaum hinabgelassen. Wir verbrachten dort zwei Stunden. Drei Mal stürzten riesige Lawinen, ganze Berggipfel, die sich von der Gletscherfront lösten, mit einem schrecklichen Krachen ins Meer (...). Ich sah Eisblöcke fallen, deren Volumen dem unseres Schiffes gleichkommen musste. Ich sah sie eintauchen, ganz verschwinden und dann wieder auftauchen, wobei sie ihre scharfen Spitzen zeigten und Sturzbäche schäumenden Wassers 20 bis 30 Meter hoch aufschießen ließen (...). Einer dieser Eisberge kam ganz nahe an uns vorbei. Er ragte mindestens ein Dutzend Meter aus dem Wasser, woraus man auf eine Gesamtdicke von 70 bis 80 Metern schließen konnte. Doch wer wird je die unglaubliche Vielfalt der Farben des Eises beschreiben können (...)! Der vorherrschende Farbton ist ein Himmelblau von wunderbarer Sanftheit.

Edmond Cotteau, 1891

Sie machten Umwege, gingen hier über den Fluss und dort wieder zurück und mussten es oft ein Dutzend Mal versuchen, ehe sie einen Weg über eine besonders schwierige Stelle fanden. Es ging nur langsam vorwärts. (...) Zuletzt bezwangen sie aber den furchtbaren Fifty-Mile-River und erreichten den Laberge-See. Hier gab es weder offenes Wasser noch Eisbarrieren. Auf einer Strecke von 30 Meilen oder mehr lag der Schnee so eben wie eine Tischplatte; aber drei Fuß hoch und weich wie Mehl. Drei Meilen die Stunde waren das höchste, was sie leisten konnten, aber Daylight feierte den Abschied vom Fifty-Mile-River, indem er bis zum späten Abend fuhr. Um elf Uhr morgens war der See vor ihnen aufgetaucht. (...) Um acht Uhr abends ließen sie den See hinter sich und fuhren in die Mündung des Lewes-River ein. Hier wurde eine halbstündige Rast gemacht und Stücke der kalten gefrorenen Bohnen aufgetaut, während die Hunde eine Extraportion Fisch erhielten.

Jack London, 1910

DAWSON CITY

LAKE LABERGE

Oben: Verladen der Hunde und Gerätschaften, Yukon, Dezember 1897. Auf dem Höhepunkt des Klondike-Goldrauschs 1897/98 schifften sich Abenteurer zu Tausenden auf dem Yukon ein, um zu den Goldfeldern bei Dawson City zu gelangen. Der Flussabschnitt mit dem Namen »Thirty Mile« (zwischen dem Lake Laberge und der Einmündung des Teslin River) war besonders gefährlich: Seine starken Strömungen, Felsen und Untiefen führten zu zahlreichen Schiffbrüchen.

Rechts: Zwei Männer posieren vor Trophäen prähistorischer Mastodons (die wahrscheinlich von den Schürfern entdeckt worden waren), Museum von Dawson City, um 1900. Dawson City war während des kurzzeitigen Goldrausches eine sehr belebte Stadt mit über 16 000 Einwohnern: Die Spielsäle und Saloons waren Tag und Nacht geöffnet, es gab elektrischen Strom, ein Theater und sogar, wie man sieht, ein Museum!

Rechte Seite: Schürfer warten auf Wind, um zu den Goldfeldern zu segeln, Lake Laberge, 1897.

DANGER!
Trains and Locomotives traveling at high rate of speed pass through this Tunnel. These Trains and Locomotives have Right-of-way at all times. Entrance to this Tunnel absolutely prohibited to all, except such Employees as are employed on Tunnel, Track Repair and Maintenance work.
ALASKA JUNEAU GOLD MINING CO.
DANGER
LIVE WIRE
SKA JUNEAU
ALARM SIGNALS
JUNEAU END OF TUNNEL
1242 LHP

Nachdem die Queen die Mündung des Taku River hinter sich gelassen hat, fährt sie in die enge Fahrrinne ein, die Douglas Island von dem Vorgebirge trennt, an dem die Stadt Juneau liegt. Links erkennt man die Bauten und Schornsteine der großen Treadwell-Goldmine. Sie reicht bis direkt ans Ufer, denn die Golderzader kommt aus dem Meer herauf oder geht ins Meer hinab. Es ist die größte Mine dieser Art auf der Welt. (...) Juneau, drei Kilometer von der Treadwell-Mine entfernt, ist eine kleine Hafenstadt mit 2 000 bis 3 000 Einwohnern, großenteils Bergleuten und Schürfern. (...). Ein paar Hotels, Salons, Restaurants und Läden hauchen den Straßen ein wenig Leben ein. Zahlreiche Indianerinnen (...) kauern sich am Rand der Gehsteige in den Schnee und breiten vor sich Pelzmützen, Mokassins, Körbe aus (...), schließlich eine Vielzahl selbst gefertigter Gegenstände, welche die Reisenden als Andenken mitnehmen.

Léon Boillot, 1899

J U N E A U

T R E A D W E L L - G O L D M I N E

Rechts: Goldsucher, Dyea, 1897. Die zum Klondike strömenden Glückssucher kommen über Skagway oder Dyea, die einzigen Stellen, wo man vom Meer aus in die Täler des Nordens zu den Goldgründen gelangt. Jack London ist einer von ihnen. In seinem Buch *Lockruf des Goldes* (1910) beschreibt er den Goldrausch, seine Erfahrungen als erfolgloser Goldsucher und das Überleben im harten alaskischen Winter.
Rechts unten: Chilkat-Indianer, Juneau, Alaska, 1895. Nach Besichtigung der Goldminen von Juneau und Treadwell kehrten die Touristen an Bord zurück, wo man ihnen am Abend ein folkloristisches Schauspiel bot, das Indianer in traditionellen Gewändern aufführten.
Linke Seite: Goldmine von Treadwell, Alaska, 1916; Goldmine von Juneau, Alaska, 1900/1920. Die Goldminen von Juneau und Treadwell wurden ab Anfang der 1880er-Jahre ausgebeutet.

In Sitka blüht, mehr noch als in Wrangell und in Juneau, der Kuriositätenhandel. Am Ende des Anlegestegs bieten auf dem Gehsteig kauernde Frauen an den Häusern entlang die Gegenstände feil, die wir bereits kennen. Ein Stück weiter weg ziehen die Läden der Amerikaner die Touristenmenge an; ich sage Menge, denn infolge des fast gleichzeitigen Einlaufens der *Queen* und der *Elder* hat sich die weiße Bevölkerung von Sitka schlagartig verdoppelt. Die Fotogeschäfte werden regelrecht erstürmt; ich verzichte darauf, mich hineinzudrängen. Der Zustrom bei der Kirche ist weniger groß. Ich bekomme bald die Erklärung hierfür. Ein Anschlag weist die Herren Passagiere der Schiffe darauf hin, dass die Tür am Tag ihrer Ankunft strikt verschlossen bleiben, sich jedoch für den bescheidenen Betrag von einem halben Dollar pro Person mit Freuden öffnen wird.

Edmond Cotteau, 1891

Oben: Fischerboote im Hafen von Sitka, Alaska, 1899. Als der Reiseschriftsteller Edmond Cotteau 1891 nach Sitka kommt, informiert er sich über die Fischplätze der Inselgruppe. Man erzählt ihm, dass in Killisnoo die damals größte Heringsfabrik der ganzen Welt steht und dass von Ende August bis Januar das Wasser der Chathamstraße schwarz von Fischen ist. Indessen erfährt er auch, dass man auf den Walfang verzichten musste, und zwar »wegen der Feindseligkeit der Indianer in der Umgebung. Sie hat ihre Ursache in einem religiösen Vorurteil, das ihnen verbietet, das große Waltier, ein verehrtes Zeichen ihrer Totems, zu töten und zu essen«.
Oben rechts: Passagiere des Dampfers *Topeka*, die mit dem Boot ans Ufer des Muir-Gletschers gebracht worden sind, Alaska, 1895.
Rechte Seite: Touristen lassen sich vor einem Totem fotografieren, Sitka, Alaska, um 1910.

REGISTER

BIBLIOGRAFIE

Angell, Roger, Romance, in: *The New Yorker*, 2003.

Baedeker, Karl, *Nordamerika. Die Vereinigten Staaten nebst einem Ausflug nach Mexiko*, 2. Aufl., Leipzig 1904.

Baedeker, Karl, *The Dominion of Canada with Newfoundland and an Excursion to Alaska*, 2., überarb. Aufl., Leipzig, London 1900.

Boorstin, Daniel J., *Das Image: der amerikanische Traum*, Neuausg., Reinbek 1987.

Burns, Ric, James Sanders u.a., *New York. Die illustrierte Geschichte von 1609 bis heute*, München 2005.

Cruise, David & Griffiths, Alison, *Lords of the Line, The men who built the CPR*, Markham, Ontario 1988.

Curtis, Edward S., *Die Indianer Nordamerikas*, Köln, London 2005.

Dickens, Charles, *Aufzeichnungen aus Amerika*, Stuttgart 2002.

Donzel, Catherine, Alexis Gregory & Marc Walter, *Grand American Hotels*, New York 1989.

Donzel, Catherine, *Legendäre Ozeanreisen. Die große Zeit der Passagierschiffe 1850 bis 1930*, München 2006.

Gunther, John, *Inside USA*, Repr. d. Ausg. 1947, New York 1997.

Hart, E. J., *The Selling of Canada, The CPR and the Beginnings of Canadian Tourism*, Banff 1983.

Hesse-Wartegg, Ernst von, *Mississippi-Fahrten. Reisebilder aus dem amerikanischen Süden*, 1879–1880, Leipzig 1881.

Hine, Lewis, *Die Kamera als Zeuge. Fotografien 1905–1937*. Hg. v. Karl Steinorth, Kilchberg/Zürich 1996.

Hulbert, Archer B., *Historic Highways of America*. Repr. d. Ausg. 1902, New York 1971.

Huret, Jules, *L'Amérique moderne*, Paris 1911.

Jackson, William Henry & Jim Hughes, *The Birth of a Century. Early Color Photographs of America*, London, New York 1994.

Jackson, William Henry & Michael Lesy, *Dreamland. Amerikas Aufbruch ins 20. Jahrhundert*, München 1998.

Krieger, Michael, *Where Rails Meet the Sea: America's Connections Between Ship and Train*, New York 1998.

Lenau, Nikolaus, *Sämtliche Werke und Briefe*. Repr. d. Ausg. Leipzig 1910–1923, Frankfurt/M. 1971.

Lévy, Daniel, *Les Français en Californie*, San Francisco 1884.

Logan, Ian, *Lost Glory. Eisenbahn in Amerika und ihre großen Tage*, Frankfurt/M. 1977.

Mann, Charles, *1491: new Relevations of the Americas before Columbus*, 8. Aufl., New York 2005.

New York. The City That Never Sleeps, New York 1994.

Poivre d'Arvor, Patrick, *Legendäre Eisenbahnreisen*, München 2007.

Reclus, Élisée, Le Mississippi, études et souvenirs, in: *La Revue des Deux Mondes*, 1859.

Robinson, Bart, *Banff Springs, the Story of a Hotel*, Banff 1973.

Roz, Firmin, *Vue générale de l'histoire du Canada, 1534–1934*, Paris 1934.

San Francisco, City by the Bay, New York 1994.

Schüppen, Franz B., *Charles Sealsfield: Karl Postl; ein österreichischer Erzähler der Biedermeierzeit im Spannungsfeld von alter und neuer Welt*, Frankfurt/M. 1981.

Starr, Kevin, *Inventing the Dream: California through the Progressive Era*, New York 1985.

Twain, Mark, Leben auf dem Mississippi, in: Twain, *Gesammelte Werke*, Bd. 2, München 1965.

Verne, Jules, *Eine schwimmende Stadt*, Wien 1877.

Verne, Jules, *Reise um die Erde in achtzig Tagen*, Zürich 1966.

Whyte, Jon & Carole Harmon, *Lake Louise. A Diamond in the Wilderness*, Banff 1982.

Im Internet

Bibliothèque Nationale de France: http://gallica2.bnf.fr

Library and Archives Canada: www.collectionscanada.ca/

Early Canadiana Online: www.canadiana.org

The Canadian Encyclopedia Historia: www.thecanadianencyclopedia.com

ZITATNACHWEIS

S. 25: Eugène Parès, *Voyage à travers l'Amérique du Nord*, Limoges 1882.

S. 29: Jules Huret, *En Amérique, De New York à la Nouvelle-Orléans*, Paris 1917.

S. 33: Franz Kafka, *Der Verschollene/ Amerika*, Berlin 2003.

S. 37: Paul Morand, *Voyages*. Hg. v. Bernard Raffalli, Paris 2001.

S. 40: Paul Morand, *Voyages*. Hg. v. Bernard Raffalli, Paris 2001.

S. 42: F. Scott Fitzgerald, *Der große Gatsby*, Zürich 1975.

S. 46: Ernst von Hesse-Wartegg, *Nord-Amerika, seine Städte und Naturwunder, sein Land und seine Leute*, Leipzig 1880.

S. 48: Edmond Cotteau, in *Le Tour du Monde* 1890. BNF/gallica2.bnf.fr

S. 52: Mark Twain, Ein Tag am Niagara, in: Twain, *Meistererzählungen*, Zürich 1990, S. 212.

S. 56: Edmond Cotteau, *Six mille lieues en soixante jours (Amérique du Nord)*, Auxerre 1877

S. 60: *New York Times*, 8. Juni 1947.

S. 65: Joseph Alexander von Hübner, *Ein Spaziergang um die Welt*, Leipzig 1889.

S. 70: Maria Leitner, *Eine Frau reist durch die Welt*, 3. Aufl., Berlin 1988.

S. 74: Ernst von Hesse-Wartegg, *Nord-Amerika, seine Städte und Naturwunder, sein Land und seine Leute*, Teil 4, Leipzig 1880.

S. 79: Chateaubriand, François René, Atala. In: Chateaubriand, *Erzählungen*, Leipzig, Wien 1855.

S. 83: Stanley Johnson und Phyllis Shapiro, *Once upon a time, The Story of Boca Raton*, Boca Raton 1987.

S. 90: Chateaubriand, *Chateaubriands Reise in Amerika*, Freiburg/Br. 1828.

S. 92: Edmond Cotteau, *Six mille lieues en soixante jours (Amérique du Nord)*, Auxerre 1877.

S. 97: Stefan Zweig, Bilder aus Amerika, in: Zweig, *Auf Reisen*, hg. v. Knut Beck, Frankfurt/M. 1987.

S. 100: Louis Lewin, *Durch die USA und Canada im Jahre 1887. Ein Tagebuch*, Berlin 1990.

S. 105: Erika und Klaus Mann, *Rundherum. Abenteuer einer Weltreise*, Reinbek 1982.

S. 108: Jean-Jacques Ampère, *Promenade en Amérique*, Paris 1874.

S. 112: Ernst von Hesse-Wartegg, *Nord-Amerika, seine Städte und Naturwunder, sein Land und seine Leute*, Leipzig 1880.

S. 116: Arthur Buies, *Chroniques, Voyages, etc. etc.*, Bd. 2, Quebec 1875. BNF/Gallica2.bnf.fr

S. 118: F. Scott Fitzgerald, The Jellybean, in: Fitzgerald, *Tales of the Jazz Age*, Cambridge, Mass. 2002.

S. 122: Jules Huret, *En Amérique, De New York à la Nouvelle-Orléans*, Paris 1917.

S. 127: Truman Capote, *Musik für Chamäleons*, München, Zürich 1981.

S. 131: Henry Miller, *Der klimatisierte Alptraum*, Reinbek 1977.

S. 139: F. Scott Fitzgerald, *Der große Gatsby*, Zürich 1975.

S. 140: Jack Kerouac, *Unterwegs*, Reinbek 1959.

S. 145: Jacques Nosari, *Vivre en dollars*, Paris 1965.

S. 146: Ernst von Hesse-Wartegg, *Nord-Amerika, seine Städte und Naturwunder, sein Land und seine Leute*, Leipzig 1880.

S. 150: William Henry Jackson, *Time Exposure. The Autobiography of William Henry Jackson*, Repr. d. Ausg. 1871, New York 1940.

S. 155: Jacques Nosari, *Vivre en dollars*, Paris 1965.

S. 158: Jack Kerouac, *Unterwegs*, Reinbek 1959.

S. 162: Olympe Audouard, *À travers l'Amérique, le Far West*, Paris 1869.

S. 166: William Henry Jackson, *Time Exposure. The Autobiography of William Henry Jackson*, Repr. d. Ausg. 1871, New York 1940.

S. 168: Jules Huret, *En Amérique, de San Francisco au Canada*, Paris 1905.

S. 172: Henry Miller, *Der klimatisierte Alptraum*, Reinbek 1977.

S. 176: *New York Times*, 22. Dezember 1890.

S. 179: Jules Huret, *En Amérique, de San Francisco au Canada*, Paris 1905.

S. 183: Alice Salomon, *Kultur im Werden. Amerikanische Reiseeindrücke*, Berlin 1924.

S. 186: Captain Clarence E. Dutton, Geology of the High Plateaux of Utah, in: Hirschmann, Fred, *A Natural History Guide to Bryce Canyon National Park*, 2003.

S. 188: Mark Twain, Durch Dick und Dünn, in: Twain, *Gesammelte Werke*, Bd. 2, München 1965.

S. 192: *New York Times*, 1. November 1931.

S. 196: Jack Kerouac, *Unterwegs*, Reinbek 1959.

S. 204: Maurice Rondet-Saint, *La grande boucle*, Paris 1923.

S. 206: Anonym, À travers le Monde, in: *Le Tour du monde*, 1895. Gallica.bnf.fr

S. 208: Jack Kerouac, *Gammler, Zen und hohe Berge*, 124.–126. Ts., Reinbek 1993.

S. 213: *Oregon's Timberline Loge is Fun in Summer*, 1941.

S. 214: Charles Cestre, *Les États-Unis*, Paris 1927.

S. 217: Jean Gontard, *Dans les sierras de Californie*, Paris 1923.

S. 220: Joseph Alexander von Hübner, *Ein Spaziergang um die Welt*, Leipzig 1889.

S. 223: Jean Gontard, *Dans les sierras de Californie*, Paris 1923.

S. 228: Maurice Rondet-Saint, *La grande boucle*, Paris 1923.

S. 230: Egon Erwin Kisch, *Paradies Amerika*, Berlin 1962.

S. 235: Jules Huret, *En Amérique, de San Francisco au Canada*, Paris 1905.

S. 239: Henry Miller, *Der klimatisierte Alptraum*, Reinbek 1977.

S. 242: Édouard Lavergne, *Les voyageurs chimériques*, Lyon 1941.

S. 246: Bénédict-Henri Révoil, *Souvenirs d'un voyage autour du monde: histoires recueillies par un voyageur*, Limoges 1884.

S. 251: Jules Huret, *En Amérique, de San Francisco au Canada*, Paris 1905.

S. 254: Jules Huret, *En Amérique, de San Francisco au Canada*, Paris 1905.

S. 262: Stefan Zweig, Bei den Franzosen in Kanada, in: Zweig, *Auf Reisen*, hg. v. Knut Beck, Frankfurt/M.: Fischer 1987.

S. 266: Gaston du Boscq de Beaumont, Une mission en Acadie, in: *Le Tour du monde* N. F. 6 (1900).

S. 270: Théodore Pavie, *Souvenirs atlantiques: voyage aux États-Unis et au Canada*, Paris 1833.

S. 273: Henri de Lamothe, *Cinq mois chez les Français d'Amérique: voyage au Canada et à la Rivière Rouge du nord*, Paris 1879.

S. 274: Isabella Bird, *The Englishwoman in America*, London 1856.

S. 279: Madame Hélie, Dans Nord-Ouest Canadien, in: *À travers le Monde* N. F. 3 (1897).

S. 283: Madame Hélie, Dans Nord-Ouest Canadien, in: *À travers le Monde*, N. F. 3 (1897).

S. 286: Edmond Cotteau, Le Transcanadien et l'Alaska, in: *Le Tour du Monde, nouveau journal des voyages* 62 (1891).

S. 291: Arthur Buies, *Chroniques, humeurs et caprices*, Bd. 1, Québec 1873.

S. 294: Ellen Elizabeth Cameron Spragge, *From Ontario to the Pacific by C.P.R.*, Toronto 1887.

S. 297: Edmond Cotteau, Le Transcanadien et l'Alaska, in: *Le Tour du Monde, nouveau journal des voyages* 62 (1891).

S. 299: Ellen Elizabeth Cameron Spragge, *From Ontario to the Pacific by C.P.R.*, Toronto 1887.

S. 303: Léon Boillot, Aux mines d'or du Klondyke (de Paris au lac Bennett), in: *Le Tour du monde, nouveau journal des voyages*, N. F. 5 (1899).

S. 307: Edmond Cotteau, Le Transcanadien et l'Alaska, in: *Le Tour du Monde, nouveau journal des voyages* 62 (1891).

S. 308: Jack London, *Lockruf des Goldes*, 10. Aufl., München 1985.

S. 311: Léon Boillot, Aux mines d'or du Klondyke (de Paris au lac Bennett), in: *Le Tour du monde, nouveau journal des voyages*. N. F. 5 (1899).

S. 312: Edmond Cotteau, Le Transcanadien et l'Alaska, in: *Le Tour du Monde, nouveau journal des voyages* 62 (1891).

BILDNACHWEIS

Die in diesem Buch abgebildeten Fotos stammen zum überwiegenden Teil aus der Sammlung von Marc Walter. Im Folgenden sind die Nachweise für die Fotos angegeben, die wir anderen Quellen verdanken:

Anil Sharma: S. 192 (unten), 248/249;

© Blog da Rua Nove: S. 11 (oben);

Sammlung Cailly: S. 137 (unten), 186 (rechts);

Catherine Donzel: S. 262, 288/289;

Frashers Fotos Collection: S. 244/245;

Sammlung David Rumsey: S. 12/13;

Sammlung Matthew R. Isenburg: S. 168 (unten);

Corbis: 226/227 (Morton Beebe), 278 (Christopher Morris);

Mit frdl. Genehmigung von Christopher Cardozo: S. 256/257;

San Francisco Maritime National Historical Park: S. 198/199, 224/225, 232/233, 240/241, 252/253;

Marc Walter (Fotos): S. 30, 31, 205;

Photoglob AG, Zürich: S. 6, 15 (2. oben), 16 (Mitte), 24 (unten), 48 (oben rechts und links), 49, 56 (links), 60 (oben), 68/69, 84/85, 87 (Mitte), 104, 126 (oben und unten rechts), 127, 128/129, 135 (unten), 150 (oben), 151, 179, 202 (oben), 235 (unten), 242 (links), 254 (unten), 295, 296 (oben), 297;

Library of Congress, Prints and Photographs Division, Washington, D. C.: S. 1, 4, 5, 7 (rechts), 8/9, 10, 11 (unten, rechts), 12 (unten), 14, 15 (oben), 15 (Mitte und 2. unten), 17, 21 (unten), 22 (die drei oben), 23 (oben), 29 (oben rechts), 32 (oben links und rechts), 36, 40, 41, 42 (rechts), 43 (oben), 46, 48 (unten), 52, 62/63, 64 (unten), 71 (unten), 74 (unten), 76/77, 78, 87 (2. oben), 88/89, 97 (links), 98/99, 101 (unten), 102/103, 108 (rechts), 110 (unten links), 112, 114/115, 116, 117 (oben), 118/119 oben), 120/121, 126 (unten links), 135 (die beiden oben), 136, 137 (die vier oben), 138, 139 (rechts), 140 (links und unten), 142/143, 145, 146 (unten), S. 152/153, 154, 154/155 (oben), 158, 159 (links), 169, 170, 171, 172 (unten), 173, 174/175, 178, 182, 183 (unten), 186 (links), 194/195, 196/197, 201 (unten), 203 (Mitte), 204, 206, 207, 208 (unten), 208/209 (oben), 214/215, 216, 217, 220 (rechts und unten), 223 (oben), 228 (unten links und rechts), 236/237, 238 (links), 240 (oben), 250/251 (oben), 260, 264/265, 270 (links), 304/305, 306/307, 308/309, 310/311, 312/313.

DANK

Unser Dank gilt allen, die uns großzügig Material und Informationen zur Verfügung gestellt haben, insbesondere Christopher Cardozo, Henry Golas und David Rumsey.

Catherine Donzel dankt ihrem Freund Patrick Lévy für seine Materialien.

Antony Shugaar dankt Arlie, Gerda und Lisa, ohne deren Unterstützung er seine Texte nicht hätte schreiben können.

Sabine Arqué dankt Dominique Bourgois, Olivier Colette, Philippe Rollet, Florence Cailly, Émilie Boismoreau und Anna Lébédeff.

Der Herausgeber dankt Marc Magowan für seine Unterstützung und seinen freundschaftlichen Beitrag.

Ein Buch der Partner Frederking & Thaler und GEOSaison

Die Deutsche Nationalbibliothek verzeichnet diese Publikation in der Deutschen Nationalbibliografie; detaillierte bibliografische Daten sind im Internet über http://dnb.d-nb.de abrufbar.

Titel der französischen Originalausgabe:
Voyages en Amérique du Nord

www.frederking-thaler.de

Konzeption und Gestaltung: Marc Walter und Sabine Arqué
Texte: Catherine Donzel (Einleitung, Kapitel 5)
Antony Shugaar (Kapitel 1–4)

Bild und Zitatnachweis: siehe Anhang

Übersetzung aus dem Französischen von Marianne Glaßer (Einleitung, Kapitel 5) und aus dem Englischen von Eva Plorin (Kapitel 1–4)

Lektorat: Gudrun Honke, Bochum
Satz und Herstellung: Büro Sieveking, München
Umschlaggestaltung: Dorkenwald Grafik-Design & Artwork, München
Umschlagfotos: © Sammlung Marc Walter

Druck und Bindung: Tien Wah Press (Pte) Ltd, Singapur

Printed in Malaysia

ISBN 978-3-89405-713-8

Umwelthinweis: Das Papier wurde aus chlorfrei gebleichtem Zellstoff hergestellt und enthält keine Aufheller. Die Einschweißfolie – zum Schutz vor Verschmutzung – ist aus umweltfreundlicher und recyclingfähiger PE-Folie.